新媒体
运营与推广
从入门到精通

黄桓◎编著

U0361776

清华大学出版社

北 京

内 容 简 介

  本书是结合笔者个人运营经验编写的一本新媒体运营、引流和变现的教程，书中从账号定位、文案写作、图片设计、公众号、大鱼号、头条号、抖音号、快手号、视频号、B站、直播营销、数据分析、引流涨粉、商业变现、做好新零售15个方面，进行了全面的讲解，帮助你快速从入门到精通新媒体的运营。

  本书不仅适合新媒体运营新手掌握新媒体各方面的知识点，快速开启新媒体运营之路；更适合拥有一定运营经验的新媒体运营者，提高新媒体发布内容的质量，快速增强新媒体的引流和吸粉能力，为新媒体的带货和变现创造更好的条件。

图书在版编目(CIP)数据

新媒体运营与推广从入门到精通/黄桓编著. —北京：清华大学出版社，2021.4（2024.2重印）
ISBN 978-7-302-57708-9

Ⅰ.①新… Ⅱ.①黄… Ⅲ.①传播媒介—运营管理 Ⅳ.①G206.2

中国版本图书馆CIP数据核字(2021)第050099号

责任编辑：张 瑜
封面设计：杨玉兰
责任校对：李玉茹
责任印制：宋 林
出版发行：清华大学出版社
    网 址：https://www.tup.com.cn，https://www.wqxuetang.com
    地 址：北京清华大学学研大厦A座 邮 编：100084
    社 总 机：010-83470000   邮 购：010-62786544
    投稿与读者服务：010-62776969，c-service@tup.tsinghua.edu.cn
    质量反馈：010-62772015，zhiliang@tup.tsinghua.edu.cn
印 装 者：北京嘉实印刷有限公司
经 销：全国新华书店
开 本：170mm×240mm 印 张：15.5   字 数：379千字
版 次：2021年4月第1版 印 次：2024年2月第7次印刷
定 价：59.80元

产品编号：089075-01

序言

在移动互联网及新媒体、新零售咨询和培训领域从业多年，笔者辅导了很多通过新零售商业模式并用新媒体品牌营销实现成功转型的企业。作者的新零售和新媒体的理论和方法在这些企业中被充分应用，使得很多企业开始懂得如何玩转新媒体，并以新媒体作为工具和阵地，开展企业品牌营销。

在辅导这些企业成长壮大的过程中，笔者深切地感受到新媒体作为移动互联网时代非常有效的品牌营销传播工具，所发挥的至关重要的推动作用。

作为企业老板或高管，应该懂一些新媒体运营知识。新媒体的运营部门在企业里已经和正在发挥越来越重要的作用。新媒体营销工具、内容和方法的使用，成为企业继产品研发、生产之后最为核心的能力。没有新媒体运营能力的企业不能被称为一个现代意义上的企业，更不会具有长久竞争力。

当你懂得什么是新媒体及其内在运营规律，你就能够理解现在移动互联网和即将到来的5G时代最有效的传播工具是什么，同时你还可以因此理解年轻的群体他们在看、在吃、在玩、在学的是什么，你将因此拥有可以和他们沟通交流的话语能力，有能让他们认可你、喜爱你、支持你的社交资本，还可以知道他们在运用新媒体为企业的品牌营销赋能的过程中为什么会这么想、这么做的思维逻辑。说到底，你要知道怎么和他们共事，怎么和他们共赢！

作为年轻的职业经理或职场新人，你不仅要懂新媒体，还一定要能玩转新媒体，掌握新媒体的底层规律和实战逻辑。虽然年轻的你非常熟悉怎么使用微信、微博、抖音、快手，而且对于当下流行的网红、直播、虚拟主持人、5G技术都并不陌生，但是你必须知道这些新媒体背后运行、发展、传播的规律和逻辑，只有这样你才能真正玩转新媒体，让它们成为能够帮助你提升职业能力、积累职业资本的强大工具。

不懂新媒体运营与推广的年轻职场人士，很难成为企业的营销明星和职场达人。相反，当年轻的你，能够综合运用新媒体知识为企业的品牌推广和营销服务赋能的时候，你将是老板们眼中的红人，你的职业发展道路将有多种选择，而且每一条都前途远大。

你可以因此成为企业的新媒体总监、销售总监或者营销总经理；甚至于你还可以炒掉老板，找一家高速成长中的企业当一名营销合伙人；或者干脆做自媒体，做一名网红或是 KOL（意见领袖）。通过与品牌方的合作推广或合作营销，自由职业的你一样可以实现轻松变现。本书将告诉你新媒体从入门到精通的途径与方法。

本书在编写过程中，还得到了下面三位的帮助，在此深表感谢！

廉小娟：写作小组组长、北大纵横管理咨询合伙人、商学院副院长。

樊梵：写作小组组员、新媒体栏目撰稿人、设计师。

王晖：写作小组组员、原迪士尼乐园活动主管、新媒体策划人。

由于笔者知识水平有限，本书在编写过程中难免存在疏漏之处，恳请广大读者批评、指正！

编　者

目录

第1章

账号定位，运营方向

学前提示

　　新媒体运营者在正式运营账号之前，需要先弄清楚自己到底想要做哪方面的内容，也就是先给账号进行定位，有了明确的定位才能更好地选择内容和制作内容，从而吸引更多的精准粉丝，达到变现的目的。而且运营者最好是做自己擅长的领域，这样在制作内容时会更方便、更轻松。

要点展示

- 基本介绍，初步把握
- 用户定位，分析市场
- 内容定位，运营基础

1.1 基本介绍，初步把握

在移动互联网迅速发展的当下，新媒体为许多行业的发展提供了新的营销平台。下面就和大家一起走进新媒体、认识新媒体和介绍新媒体营销，并对新媒体的运营和推广有初步的了解。

1.1.1 认识新媒体，交流平台

新媒体相比传统媒体，更偏重于为受众提供个性化的服务。在注重个性化的同时，新媒体也为传播者和受众提供了一个可以交流的平台。如微博、微信等，都属于新媒体的具体表现形态。

1. 定义

目前，新媒体的划分标准不统一，因此业界对新媒体还没有做出硬性的分类规定。总的来说，新媒体的定义主要包括以下两种。

（1）狭义上，新媒体是继报纸、广播、电视等传统媒体之后，于最近几年发展起来的一种新的媒体形态，主要包括网络媒体、手机媒体、数字电视等，它是相对传统媒体而言的。

（2）广义上，它指的是在各种数字技术和网络技术的支持下，通过电脑、手机、数字电视机等各种网络终端，向用户提供信息和服务的传播形态，它表现的是一种媒体形态的数字化。

2. 传播特性

无论是报纸、杂志、广播、电视等传统的大众媒体，还是新媒体，都有自己独特的传播特性，下面将从 5 个方面具体介绍。

（1）传播主体多元化。传统的大众传播时代，一般都是媒体单方面地输出信息，用户单方面地接收信息，两者之间缺少互动，大众传媒以传播者自称，大众则属于接收者。而新媒体的出现打破了这种状况，用户不仅可以接收信息，而且还可以传播信息。比如，微博用户使用微博平台除了获取各种新闻消息外，还可以随时发表自己的看法，大众拥有了传播者和接收者的双重身份，传播主体变得更加多元化。

而且传播者与接收者之间的身份可以随时相互转化，即受众在接收到传播者发布的信息之后，再以传播者的身份将该信息发布出去，而原来的传播者接收到其他传播者发布的信息则成为接收者。这样传播者与受众之间的互动加深，并且形成了良性循环，用户的参与感更强，新媒体平台也可以随时接收用户的反馈。

（2）及时共享信息。新媒体的出现，让用户获取信息变得更加便利。尤其是智能手机的发展和普及，用户可以随时随地获取各类信息，提高自己对世界和社会环境的认知，然后及时发表个人观点和评价。

可以说，新媒体对于用户来说是一个信息共享的平台，用户可以将信息发布出去与他人共享。比如，百度文库就是一个可供用户分享文档的开放平台，该平台上面的文档都是用户上传提供的，然后其他用户可以在线阅读或者下载。如图 1-1 所示，为百度文库页面截图。

图 1-1　百度文库页面截图

（3）即时传播。随着 5G 时代的到来，新媒体可以将信息第一时间发送出去，而用户也可以在第一时间接收信息，可以说信息是直达用户的，打破了传统媒体时间上的限制，使信息传播的时效性大为增强，用户甚至可以参与到新闻信息的采集、加工、制作以及后期的跟进等一系列活动中。

（4）个性化信息服务。在传统的大众传媒环境下，传统媒体对受众进行的是"同质化传播"，受众的地位比较低，自主选择的范围比较小。而新媒体时代，信息的内容呈现多样化，而且受众的地位与个性得到展现，他们可以根据自己的需求和喜好在海量的信息中选择自己感兴趣的内容。

尤其是随着新媒体技术的发展与进步，各个新媒体运营者开始对用户进行细分，为不同个性的用户提供不同的个性化产品和服务，可以说新媒体更加注重用户的个性化体验。

（5）信息碎片化。新媒体的出现带来了海量的传播信息，而且信息的表现形式多样，集文字、图片、视频、音频于一体，给用户带来了更好的体验。但是这其中大部分的信息都是没有经过整合的，仅仅是零散地堆砌在一起。而信息的碎片化使得信息缺乏深度和逻辑性，从而导致内容浅薄，偏向娱乐化。

1.1.2 新媒体营销，简单了解

随着新媒体的不断发展，企业的营销思维也发生了很大的改变，更加注重与消费者之间的互动和沟通，新媒体营销也就随之产生。所谓新媒体营销，就是企业通过新媒体渠道所展开的营销活动，属于企业营销战略的一种，是企业重要的营销方式，它加强了与目标用户的沟通，营销的效果更佳。

百度为新媒体营销给出的定义是：新媒体营销是指利用新媒体平台进行营销的模式。就目前行业的发展来说，最具代表性的新媒体营销方式当属科技博客、手机媒体、IPTV、数字电视、移动电视、微博、微信这七大类。其中，微博、微信在新媒体营销方面发展得最为火热。

1.2 用户定位，分析市场

移动互联网时代，新媒体营销推广成为一种新的营销方式，它能为企业带来巨大的利益，这种利益包括直接经济效益和无形的影响力。在进行营销推广前，首先需要对其推广的内容进行定位，分析用户到底喜欢什么样的内容。

1.2.1 定位关键，明确目的

在做账号定位之前，新媒体运营者首先需要明确账号定位的几个关键点，这样，运营者在给账号定位的时候思路会更加清晰。比如，运营者需要认真思考几个问题，如图 1-2 所示。

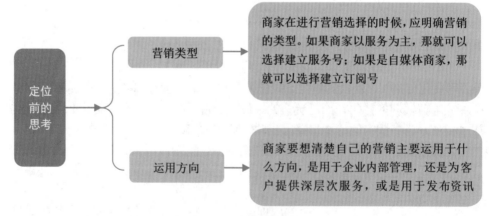

图 1-2　定位前的思考

除了要明确自己营销的类型和方向，新媒体运营者还要做到一点，那就是目的明确，就是需要清楚自己通过营销能够得到什么，因为只有清楚自己想要得到

什么，才能够有选择的依据和方向。

1.2.2 用户定位，满足需求

企业在运营和营销的过程中，用户定位是至关重要的一环。只有了解了自己的目标用户，才能根据这些用户的需求，创作出相应的内容，达到最好的营销效果。目标用户定位主要做两件事：第一件事是了解自己的目标用户是谁；第二件事是了解这些目标用户的主要特征。

如果企业能够摸透以上两件事，那么对后面的服务定位和平台定位都是大有好处的。通常新媒体运营者在对目标群体特征进行分析的时候，主要从两方面入手，如图 1-3 所示。

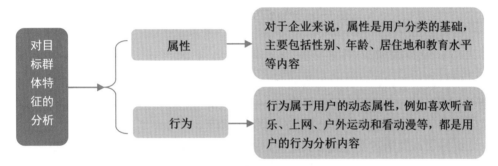

图 1-3 对目标群体特征的分析

一名优秀的新媒体运营者，还需要对目标用户进行简单的群体特征分析，这些群体特征的分析主要从以下几个特性着手，如图 1-4 所示。

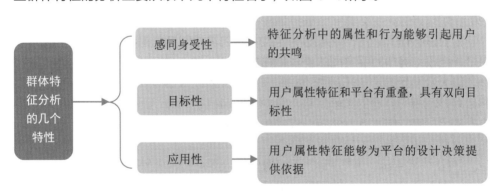

图 1-4 群体特征分析的几个特性

介绍完了目标群体特征分析的内容，下面向大家介绍一下目标读者定位的流程，通常来说，对目标用户的定位需要经过 3 个步骤，如图 1-5 所示。

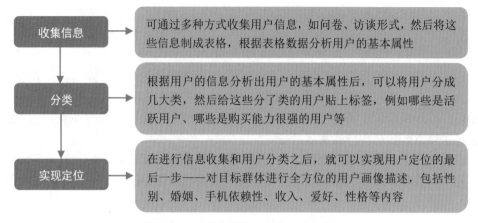

图1-5 对目标用户定位的3个步骤

1.2.3 服务定位，打造特色

要想投身到新媒体运营和营销中，就必须深入地了解自己的产业特色和产品特色，有针对性地进行产品服务定位。比如手机生产商，应该根据手机的功能，锁定不同年龄层的用户，进行精准化营销和宣传。

而除了从竞争对手角度出发之外，还要从目标用户的角度提炼用户喜爱的差异化的服务。如果企业的差异化服务不是用户所需要的，那么即使公司推出了相关服务，用户可能也不会接受。

在互联网时代新媒体平台众多的情况下，运营者想要抢占运营和营销高地，希望所运营的账号在新媒体平台上的众多账号中脱颖而出，就必须打造出独具特色的新媒体账号，那么该怎么去打造呢？

企业进行差异化的产品和服务定位。首先需要对竞争对手有一定的了解，然后分析自己与竞争对手之间的差异和优势，最终分析出属于自己企业的特色服务。

以大众熟悉的OPPO手机为例，该手机品牌的宣传抛弃了"广撒网"的方针，并且巧妙地避开自己的竞争劣势，集中宣传自己的优势，比如像素、闪充等。将自己的目标客户瞄准到偏年轻一族的身上，很好地把握住了年轻人的心理特征，打造出属于自己品牌的产品服务特色。

如图1-6所示，为OPPO手机微信公众平台的相关服务和微商城。OPPO通过该微信平台推出自己的新款，以及限时降价活动。用户还可以通过该平台直接进入OPPO商城选择自己中意的产品，这种营销方式受到不少用户和粉丝的喜爱。

图 1-6　OPPO 微信公众平台的相关服务和微商城

1.2.4　平台定位，决定基调

在新媒体运营中，首先应该确定的是，企业所要运营的平台是一个什么类型的平台，以此来决定平台的基调。平台的基调主要包括 5 种类型，分别是学术型、媒体型、服务型、创意型以及恶搞型。新媒体运营者在做平台定位时，应该根据自身条件的差异选择具有不同优势和特点的平台类型，具体分析如图 1-7 所示。

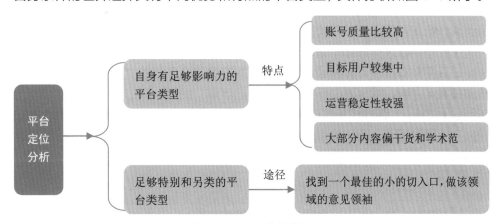

图 1-7　平台定位分析

在新媒体运营中，企业、机构和个人平台运营者主要可通过网红、90 后创业奇才、行业意见领袖、BAT 背景以及学术范这 5 种途径更好地实现新媒体账号的运营。

另外，在定位平台、选择何种平台类型的同时，还应该对平台的自定义菜单进行相应规划，以便能够清楚地告诉用户"平台有什么"。对自定义菜单进行规划，究其实质，就是对平台功能进行规划，它可从 4 个维度进行思考和安排，分别是目标用户、用户使用场景、用户需求和平台特性。

值得注意的是，做好平台定位是非常重要的，要慎重对待，因为只有做好了平台的定位，并对其基调进行了确定，才能做好下一步要进行的用户运营和内容运营策略，最终促成平台更好地发展。

1.3　内容定位，运营基础

新媒体运营者不管运营的是哪一个新媒体平台，内容定位都是运营者需要面对的一个问题。首先运营者需要搞清楚自己账号的内容定位是什么，一个好的内容定位是账号运营成功的基础；其次运营者需要想到自己应该选择什么样的内容；然后运营者需要思考自己的内容素材从哪里来，是自己拍摄视频，还是搬运其他人的视频进行加工，或者是剪辑影视剧。

1.3.1　定位方式，吸引关注

互联网和移动互联网作为一种新的信息传播媒介，它对内容的定位要求是很严格的——不仅要求内容包罗万象，还要通过多种信息载体和多种媒体形式来传达信息。在网络上，企业展示内容的方式包括文本、图片和视频等。然而很多企业不知道如何对内容进行定位，也不知道要创作什么样的内容才能吸引人。下面为大家介绍新媒体运营和营销的内容定位方式。

企业想要做好新媒体运营和营销的内容定位，首先要对内容的表现形式进行选择。只用文本、图片和视频等方式展示内容是完全不够的，想要通过更独特的方式去展示内容，就要对展示平台有一定的了解。例如，有的企业就通过炫酷、有趣的 HTML 5 等方式来展示内容，这些内容展示方式在运营和营销领域中已经火了一段时间了；还有的企业通过语音方式，每天推送一段带有关键信息的语音内容。

1.3.2　素材来源，助力内容

对于新媒体平台来说，不可能每一条图文消息都是原创的，那样既浪费时间又浪费精力。因此运营者如果要获得更多的素材，就必须了解适宜的素材来源网站。下面介绍两个素材来源网站，如图 1-8 所示。

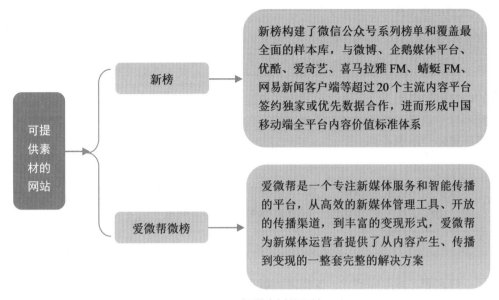

图1-8 可提供素材的网站

1.3.3 内容收集，3个渠道

运营者要获取内容，除了要注意从相关网站上获取素材外，还应该注意从多个渠道获取内容。也就是说，在编辑内容之前，运营者需要先弄清楚内容有哪些来源，从而弄清楚向哪些人群收集平台的内容。内容可从以下3个渠道进行收集，如图1-9所示。

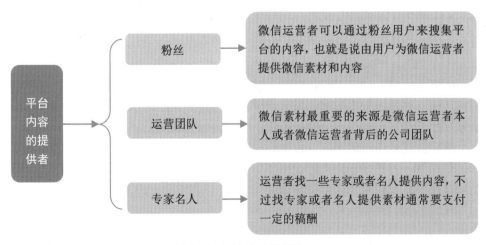

图1-9 平台内容的提供者

从市面上已经在运营的新媒体平台来看，很多商家对新媒体账号的运营就是建个账号，然后发点与自己的产品有关的广告内容，而通常这种纯广告式的新媒体平台是没有什么价值的，用户的关注度也不高。

那么什么样的内容比较容易吸引用户呢？当然是那些建立在满足用户需求上的内容更加吸引人。新媒体运营者发布的内容必须满足用户的需求，这样才能达到预想的效果。基于此，关于平台内容的收集一般有哪些方法呢？在此总结了5点，具体介绍如下。

1. 用户反映出来的有关感受

很多用户会通过微信、QQ 等社交平台表达他们对某件事情的不满，也有很多用户通过这些平台表达他们对某件事情的赞美。商家千万不能忽视这个环节，完全可以大加利用。

2. 用户行为体现出来的需求

商家要了解用户需求，这样才能解决用户问题。要清楚用户在说什么，要留意用户搜索什么产品；并把用户关注的这些问题分门别类整理，然后针对这些问题设计新媒体平台内容。

3. 与产品有关的知识性信息

通常，一段干巴巴的产品介绍、产品说明是无法吸引用户眼球的，用户喜欢带有知识性的信息。这就要求商家对所推销的产品进行知识延展。以酒业为例，商家如果要推销他们的酒，不能只介绍酒的成分、酒精度是多少、口感如何等。这些固然重要，但是用户更喜欢了解关于酿酒方面的知识——或是关于酒的悠久历史，或是关于品酒的小技巧，又或是酒的储存方法等。不少运营者就熟练运用这一方法，在新媒体平台内容编辑上获得了成功。

4. 带给人优待感的优惠信息

很多用户都是冲着折扣信息去关注品牌信息的，但是，把促销信息一窝蜂地发布出来，并不会起到显著的宣传效果。对于用户来说，这种内容就像街头路边散发的小广告，他们并不会过多关注，甚至会感到厌恶。

商家应该避免这种误区，设计一些专门为平台会员打造的活动或优惠活动，让他们感到一种不同于他人的优待感。这样，粉丝才会有一种被重视的感觉，对新媒体平台也会越来越依赖和喜欢。

5. 搬运用户喜欢的他人资源

运营者要做到善于运用资源，借助他人的优秀内容来增加平台素材的种类。因此，商家可以从网上摘录一些经典的文章或者收集一些网上最新、最热门的段子分享在自己的新媒体平台上，以此迎合用户的喜好。但是，商家在将这些文章、段子搬运到自己平台上时一定要记得注明文章和段子的来源，以免有侵权行为的发生。

1.3.4 内容写作，3 大误区

随着互联网和移动互联网时代的到来，各种营销信息也随之泛滥，太多没有价值的垃圾信息混杂进来，占据大众的视线和时间。要想让自己的内容吸引读者阅读，避开内容写作中的误区是很关键的。平台内容写作须避开 3 大误区，具体介绍如下。

1. 无创新——内容千篇一律

商家创作新媒体文案的目的其实只有一个，那就是获取更多粉丝的关注，在平台文章当中植入广告也是为了借助粉丝推销产品。据了解，有 99% 的商家把自己的平台内容编写成了路边的宣传单。

如果商家的平台内容都是千篇一律，没有新意，没有趣味，没有实用价值，用户是不会关注的，商家的预期宣传效果也就无法实现。

2. 太烦琐——信息推送过多

新媒体平台推送信息的到达率还是很高的，特别是微信公众号，它的推送信息到达率可以达百分之百。因此商家乐此不疲，推送很多的信息，造成轰炸之势，以为这样就能博取用户的眼球。实际上，这些商家忽略了一个阅读率，用户群体虽然收到了这些平台的消息，但并不会一一点开查看。

过多的信息只会让用户心烦，他们可能会产生逆反心理，不去翻阅，因此，商家的很多消息并没有真正地被接收。

3. 无技巧——广告硬性植入

不少运营者的新媒体平台用户人数众多，商家急于宣传，于是在平台信息中硬性植入广告——对技巧和内容要求相对较低，没有多少技术含量，完全没有考虑用户的感受。这种广告事实上也不会收到多少效果，只会让用户厌烦，甚至是取消关注，商家最后得不偿失。

第2章

文案写作，内容为王

学前提示

对于新媒体运营者来说，文案写作是避不开的。文案的好坏可以决定账号的吸粉能力，甚至影响后期账号的商业变现。

在内容为王的时代，新媒体运营者都需要加强文案写作方面的功力。本章以微信公众号为例，从标题、开头、正文、结尾4个方面具体分析文案写作的技巧，希望能对大家有所帮助。

要点展示

- 爆款标题，10个技巧
- 开头写作，5种方法
- 正文写作，4种类型
- 结尾写作，4种方法
- 注意事项，3个问题

2.1 爆款标题，10 个技巧

在这样一个注意力稀缺的时代，标题对于新媒体推文的重要性不言而喻。文章推送出去之后，分享率还挺高的，但是打开率却很低，这种情况是最揪心的。虽然创作者辛辛苦苦写出来的内容质量比较高，但是，由于标题不够有吸引力，所以导致文章没有获得足够多的流量。

因此新媒体运营者要做的是让标题能抓人眼球。如果一个标题不能在 3 秒内吸引用户点开这篇内容，那么这篇内容将永远没有上场的机会。笔者结合以往许多公众号的标题方法论和自己的一些实操，总结了 10 个爆款标题的写作方法，相信能让新媒体运营者的标题多一些吸引力。

2.1.1 数字符号，利于辨识

《100 个行动，也无法挽救 1 个错误的决策》《30 年前的中国电影，曾如此辉煌》这两个标题，大家首先看到的就是其中的数字。因为我们的大脑会优先识别数字，标题中使用数字，能够增加标题的辨识度。

一般来说，带有数字符号的文章会让人觉得信息量大。数字的魅力在于，能够很好地进行总结和概括，激发读者打开文章获取有价值信息的欲望，并且简单明了，非常利于手机阅读。

2.1.2 疑问反问，引发思考

疑问句式的标题可以很好地引发粉丝的共鸣，如果恰好粉丝也想要知道答案，他就会点击阅读。而反问的语气会更强烈些，往往会打破读者的过往认知和思维误区，引发读者的思考。

大家可以通过以下两个标题具体感受一下：《凌晨三点，一个男人惹哭朋友圈：我们要多努力，才配拥有生活？》《容易分手的恋爱关系，问题都出在哪里？》。

2.1.3 时尚热点，吸引关注

在流量当道的现下，名人效应产生的话题量不可小觑，借助这些名人或者一些知名机构，从他们嘴里发出声音，能够很好地吸引大家的关注。因为这些人自带流量，当你将他们的名字写入标题，会让其他用户感到熟悉，并且能够引起其他用户的好奇，大部分人都有想要知道那些名人背后故事的想法。

2.1.4 实用干货，增加收藏

这类标题收藏和阅读量较高，都是属于告诉读者你有问题破解方法。总结梳理某个细分领域的内容，将内容包含的知识进行了非常简化的提炼，让用户一眼看上去就觉得这篇文章含金量足很高，而且还能节约时间，提高效率。

诸如"8 个规律""一篇长文""10 分钟""22 条结论""4 个问题"都用数字体现了非常清晰的利益点，比如《仅需 3 招，让 PPT 变得更有设计感！》《10 分钟快速画分镜的 7 个技巧》。

2.1.5　引用对话，有代入感

引用对话是让标题产生共鸣的一种常见方式。而引用对话最简便快捷的方法就是把"你""我"这两个字加入进去。这种对话可以是好友间的对话，就好像读者就在你的对面，有代入感——这篇文章是专门写给他看的，比如《你的情绪状态，就是身体姿态》。

还有一种现在微信里常用的对话形式，就是以吐槽回击的方式去喊话。这种语调让读者看了非常有趣，带着看好戏的心情点开内文，如《会 Python 了不起吗？是的，简直开挂！》《"女孩子不要太辛苦？""然后呢？"》。

2.1.6　惊喜优惠，吸引注意

优惠类标题是我们最常写的标题，很多人都是先放一个促销政策，再加一句煽动号召。我们在写优惠标题的时候，首先告诉读者产品的最大亮点：人气旺、销量高、明星青睐、媲美大牌等；然后营造稀缺感，触发读者害怕失去优惠的心理。比如：

《欧美当红款包包超低价秒杀中》（原标题）

《INS 上晒疯了的设计师包包，居然只要 1 元钱》（修改之后的标题）

通过对比以上两个标题发现，修改之后的标题明显比原标题更能吸引读者的注意力。

2.1.7　戏剧冲突，制造反差

戏剧化的核心就是制造矛盾，制造冲突，制造反差，这个技巧最常见于故事型标题。某个人有着种种矛盾的标签，或者在极端艰难、戏剧化的场景下，做了一些反差非常大的事情，比如《同事眼中的"愚蠢的绝招"，让他成为这个月的销售冠军》《"你姐好像比你年轻""那是我妈！"》。

2.1.8　好奇悬念，激发渴望

当用户的好奇心被激发之后，我们不立即揭示答案，而是启动一个看上去不直接相关的话题。本来对方注意力已经被你吸引过来了，心中有悬念，但你却没有揭示，那么读者对答案的渴望就会上升。

而在文章标题中的表现就是：标题激发用户好奇心，却不揭示答案，故意遗漏一部分信息，让他们点开文章，比如《还没等5000亿赌王遗产分清楚，最大赢家早已诞生……》《保持青春不显老的秘密你一定不知道……》《跟风买这些口红，你只会越来越丑！》。

2.1.9 对比法则，引起兴趣

这类标题主要是从产品或者观念的差异点出发，通过数字对比、矛盾体对比、与常识相违背制造冲突和比较。

在标题里通过比较，放大描述对象某一方面的特点，看上去似乎有点夸张但又不觉得浮夸，让用户更有进一步了解的欲望，比如《听完这首英文歌，我把手机里其他歌曲都删了！》《它甜过世界上99%的水果，慕斯般口感好迷人》《天气炎热防蟑螂妙招！无毒无害，比杀虫剂还管用》。

2.1.10 对号入座，引发好奇

读者对跟自己有关系的东西都会多看一眼。这个"对号入座"可以是自己，也可以是你熟悉的一类人，比如《巨蟹座鲜为人知的优点！》《长相一般，怎样逆袭成为美女？》。

以上就是笔者要说的10个写标题的方法。这些方法能大大提高文章标题的打开率，让那些高质量但低打开的文章更上一层楼。总而言之，一个好的标题就是要让有价值的信息无阻碍传播，笔者认为这是一个很好的参考原则。

2.2 开头写作，5种方法

对于一篇平台文章来说，开头的重要性仅次于文章标题及文章主旨。所以，我们在写文章的时候，一定要注意在开头就吸引住读者的目光，只有这样，才能让读者有继续阅读下去的念头。可见，正文的开头是一篇文章很重要的部分，决定了读者对这篇文章内容的第一印象，因此对它要重视。

2.2.1 平铺直叙，一气呵成

平铺直叙开头法也叫作波澜不惊开头法，表现为在撰写正文开头时，把一件事情或者故事有头有尾、一气呵成地说出来，也有人把这样的方式叫作记流水账。如图2-1所示，为采用平铺直叙开头法的文案。

平铺直叙型的方式，在正文中使用得并不多，它更多的还是存在于媒体发布的新闻稿中。但是，在文案的开头，也可以选择合适的时候使用这种类型的写作方法，例如，重大事件或者名人、明星等人物的介绍，通过正文本身表现出来的

重大吸引力来吸引读者继续阅读。

图 2-1　采用平铺直叙开头法的文案

2.2.2　指明主旨，干脆爽快

指明主旨的文章开头，需要作者在文章首段就将自己想要表达的东西都写出来，不是隐隐藏藏，而是干脆爽快。如图 2-2 所示，为采用指明主旨开头法的文案。

另外，在使用这种写法创作正文开头时，有两个方面需要多加关注，具体内容如下。

（1）文章应使用朴实、简洁的语言，直接将自己想要表达的东西写出来，不能故作玄虚。

（2）正文的主题或者事件必须足够吸引人。如果主题或者要表达的事件没办法快速地吸引读者，那指明主旨的开头法最好还是不要使用。

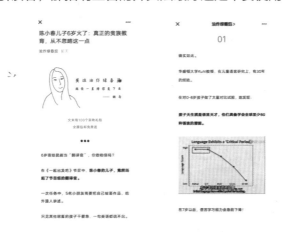

图 2-2　采用指明主旨开头法的文案

2.2.3 想象猜测，留下悬念

在写想象与猜测类型的文案正文开头时，可以稍稍运用一些夸张的写法，但也不要太过夸张。想象猜测类型的文案一般以写实和拟人为主，能让读者在看到文字的第一眼就展开丰富的联想——猜测在接下来的文章中会发生什么，从而产生强烈的继续阅读文章的欲望。另外，还要注意的就是开头必须留有一些悬念，给读者想象的空间，这样可以引导读者进行思考。如图 2-3 所示，为采用想象猜测开头法的文案。

图 2-3　采用想象猜测开头法的文案

2.2.4 分享幽默，拉近距离

幽默感是与他人之间沟通时最好的武器，能够快速搭建起自己与对方的桥梁，拉近彼此之间的距离。幽默的特点就是令人高兴、愉悦。我们如果能够将这一方法使用到文章的正文开头写作中，将会取得不错的效果。

在各平台上，有很多商家会选择用一些幽默、有趣的故事作为文章的开头，以吸引读者的注意力。相信没人会不喜欢看可以带来快乐的东西，这就是幽默分享型正文开头存在的意义。

2.2.5 引用名言，吸引目光

使用名言名句开头的文章，一般会更容易吸引受众的眼光。因此，我们在写作的时候，可以多搜索一些跟文章主题相关的名人名言，或者是经典语录。

文章的开头，如果能够用一些简单但是精练，同时又紧扣文章主题并且意蕴丰厚的语句，或者使用名人说过的话语、民间谚语、诗词歌赋等语句，这样就能够使文章看起来更有内涵。而且这种写法更能吸引读者，可以提高文章的可读性，以及更好地凸显文章的主旨和情感。

如图 2-4 所示，为引用名言开头法的文案。该篇文案开头引用《三字经》和马克·吐温的名言来说明善良的重要性。除了引用名言名句，还可以使用一些蕴含道理的故事作为文章的开头。小故事一般都简短且具有吸引力，能很好地引起读者的兴趣。

图 2-4　引用名言开头法的文案

2.3　正文写作，4 种类型

在介绍了平台文案开头的写作技巧之后，接下来将为大家介绍 4 种正文类型的写作方法。

2.3.1　情感融入，引起共鸣

情感的抒发和表达已经成为平台营销的重要媒介，一篇有情感价值的文章往往能够引起很多消费者的共鸣，从而提高消费者对品牌的归属感、认同感和依赖感，其相关介绍如图 2-5 所示。

情感消费和消费者的情绪挂钩，一篇好的文章主要是通过对文字、图片的组合打造出一篇动人的故事，再通过故事调动读者的情绪。可以说情感消费是一种基于个人主观想法的消费方式，与之相关的消费人群，最关注自己的精神世界、情感需要这两方面的需求。因此，写情感类的文章，要尽量达到以下某一方面的作用，即与读者有相同的思想情感内容、能启发读者的智慧和引导思考、能产生激励读者的感情。

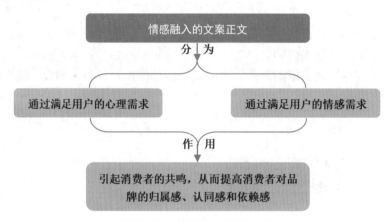

图 2-5　对情感类正文的介绍

那么情感该从哪些方面挖掘呢？笔者给出了 4 个方面的建议，即爱情、亲情、友情以及其他情感需求因素。其实，人的情感是非常复杂的，不论是满足人们的哪种情感或情绪需求，都能打动人心，走进读者的内心，获得读者的喜欢。

2.3.2　技巧普及，实用为主

技巧普及的文案正文是指文章以向读者普及一些有用的小知识、小技巧为中心主题。很多行业的产品都是非常适合用这类正文来进行宣传、推广的，如某类软件的使用方法、生活中某类需要掌握的小技巧等。如图 2-6 所示，为技巧普及类文案正文。

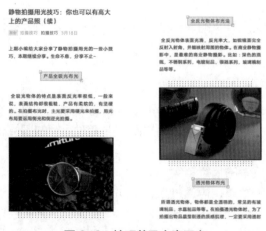

图 2-6　技巧普及文案正文

2.3.3　知识展示，专业性强

对于专业性比较强的产品，诸如电器、家居等类目商品，可以运用知识展示的正文内容来吸引读者的目光。且对于特定人群来说，这类文章内容具有较强的专业性和可读性。图 2-7 所示为微信公众号"科技每日推送"发布的知识展示文案。

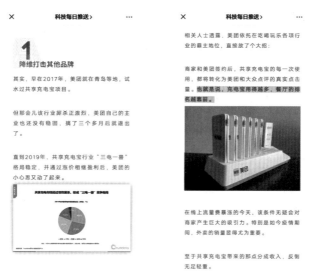

图 2-7　微信公众号"科技每日推送"的知识展示型文案正文

图 2-7 所示的文案都是围绕"美团共享充电宝项目"而展开的知识性问题的解答。从专业的角度来解答相关的问题，读完全文，大部分读者对"美团共享充电宝项目"会有进一步的认识。

2.3.4　促销文案，直白最好

促销类文案其实是一种比较直白的推广文案，它是如今企业用得比较多的一种软广告植入文章营销的方法。一般来说，促销类文案的正文分为以下两种形式。

（1）纯文字的形式：依靠文字，向读者推荐品牌或活动的内容、时间等信息；

（2）图片搭配促销标签的形式：在产品的图片上或者是活动的图片上，搭配一些促销标签，从而促使消费者产生购买欲。

除了撰写方法之外，撰写促销活动型正文还要注意两点：一是不要做没有计划性的创作，因为这样做没有自己的特色，很容易遭到读者的忽视；二是切忌虚假宣传，一定要实事求是地进行促销式文案的撰写。

2.4 结尾写作，4 种方法

一篇优秀的文案，不仅需要一个好的开头和正文内容，同样也需要一个符合读者需求和口味的结尾。那么，一篇优秀的文案结尾该如何写呢？接下来为大家介绍几种实用的文案结尾的写作方法。

2.4.1 首尾呼应，结构严谨

首尾呼应法，就是常说的要在文章的结尾点题。这样的结尾法，具有非常大的优势，它能够凭借其严谨的文章结构、鲜明的主题思想，给读者留下深刻的印象，让读者对文章中提到的内容进行思考。

基于此，首尾呼应的写法一般采用的都是总分总的写作方式。如图 2-8 所示，为一篇题为《什么叫"自律"？就是将这两件事做到极致》的文案。

该篇文案采用的就是总分总式的首尾呼应的写作方式，首先在开头点出了该篇文案的主题是"自律"，然后对这个主题用一些个例进行具体介绍，最后在结尾进行总结升华，从而做到首尾呼应。

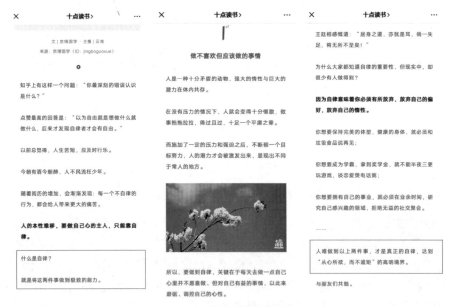

图 2-8 首尾呼应的文案

2.4.2 抒发情感，以情动人

上面已经提到，在文案正文中融入情感是一种非常重要且很必要的写作方法。其实，如果把这一理念应用到结尾处，可以让情感进一步得以升华，真正达到以情动人的目的。

　　使用抒情法来写作文章的结尾，通常较多地用于写人、记事、描述等类型的平台文案中。在结尾抒情的时候，创作者完全没有必要去刻意地追求多么华丽的辞藻，多么激情的话语，只要能把自己的真实情感抒发出来，就能感动读者，真正实现以情动人的目标，让文案完美收尾。

2.4.3　祝福读者，传递温暖

　　祝福法是很多文案撰写者在文章结尾时使用的一种方法。因为这种祝福形式的内容，能够给读者传递一分温暖，让读者在阅读完文章后，感受到蕴含其中的关心与爱护。这也是能够打动读者内心、达到以情动人目的的一种文章结尾方法。如图 2-9 所示，为使用了祝福法结尾的文案案例。

图 2-9　以祝福法结尾的文案案例

2.4.4　提出号召，产生共鸣

　　运营者如果想让读者加入某项活动中，就可以使用号召法撰写文章的结尾。同时，很多公益性的平台账号推送的文章中，也会有比较多的文章使用这种方法结尾。号召法结尾的文章能够让读者阅读完文章内容后，对文章的内容产生共鸣，从而对文章中发起的活动有一种更强烈的加入其中的意愿。如图 2-10 所示，为在结尾使用号召法的文案。

图 2-10　以号召法结尾的文案案例

2.5　注意事项，3 个问题

运营者把文案内容写好之后，只是完成了爆款文案的写作部分。要想真正让文案变成爆款，还需要运营者通过适当的渠道把它们发布出去。所以运营者在发布内容之前还应该注意一些在发布过程中会出现的问题，接下来分别加以讲述。

2.5.1　提前预览，保证正确

在众多平台上，编辑完文案内容后都会有一个"预览"按钮，方便运营者预览。且预览的方式也是多种多样的，既有手机端、PC 端等不同的客户端预览方式，也有分享到朋友圈、发送给朋友等不同位置预览。

那么，平台为什么提供预览功能呢？我们又为什么一定预览呢？具体说来，这是由预览的作用决定的，如图 2-11 所示。

2.5.2　声明原创，保护权益

随着各平台各项准则的完善，原创内容越来越受到重视。为了表达对它的重视，不少平台推出了"声明原创"这一功能，如今日头条、微信公众号等。如图 2-12 所示，为开通了"原创"功能的平台文案。

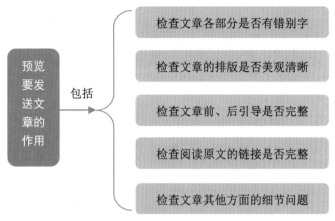

图 2-11 预览要发送的文章内容的作用

图 2-12 开通"原创"功能的文案

那么怎么设置声明原创呢？下面以微信公众号为例，为大家介绍开启一篇文章的原创声明的具体操作。

步骤 01 进入"素材库/新建图文消息"页面，在页面下方会有"原创：未声明"字样，表示该篇文章还未声明原创。单击下方的"声明原创"按钮，如图 2-13 所示。

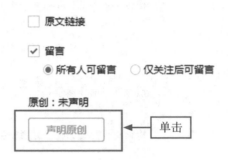

图 2-13　单击"声明原创"按钮

步骤02　执行操作后，弹出"声明原创"对话框，在"文章原创声明须知"页面，仔细阅读该页面的具体内容，然后单击"下一步"按钮，如图 2-14 所示。

图 2-14　单击"下一步"按钮

步骤03　执行操作后，进入"原创声明信息"页面，开启"赞赏"功能，填写赞赏账户，选择文章类别，单击"确定"按钮，如图 2-15 所示。

步骤04　执行操作后，即可返回"素材库/新建图文消息"页面，运营者可以在该页面下方看见"原创详情"信息，如图 2-16 所示。

"声明原创"功能有哪些作用呢？

一方面，获得"声明原创"功能的平台，一旦发现有人转载其内容时没有注明出处，各平台会自动为转载的内容注明出处并给予通知。另一方面，如果商家发送的是自己原创的内容，就可以设置这一功能，在保护自己权益的同时，也可以用原创文章为自己的平台带来更多的读者。

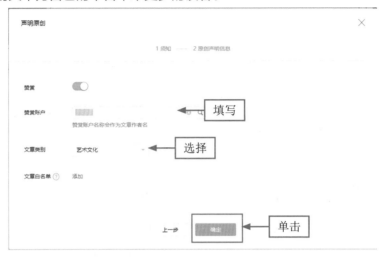

图 2-15　单击"确定"按钮

图 2-16　"原创详情"信息

2.5.3　利用连载，迎合习惯

人们阅读文章，特别是技巧类和常识性方面的文章，看的就是它的全面性，认为成系列的文章推送会更专业，也更能满足他们广泛了解的要求。因此，在文章正文写作上，可从这方面着手，打造一些经典的、具有代表性的专题，以迎合读者的阅读兴趣和习惯。

例如，微信公众号"设计"利用连载的方式，推送了一系列关于 Logo 设计的文章，如图 2-17 所示。

图 2-17　利用连载展现的公众号文章

从图 2-17 不难看出，推送的连载文章中展示了各种 Logo，很容易满足读者关于 Logo 设计方面的需求。由此可知，利用连载类专题安排文章内容，有着极大的优势，具体表现在以下 3 个方面。

（1）时间安排方面：能够解决一段时间内的内容创意问题，有利于节省平台内容安排的时间。

（2）阅读量方面：使得每期的内容都有看点，保证了文章的阅读量。

（3）阅读习惯方面：让读者形成阅读习惯——根据平台的思路定期去看专题，寻找想要看的内容。

第 3 章

图片设计，迎合喜好

学前提示

要想提高文章和网页的点击率，增加平台的关注度与曝光度，新媒体运营者就必须让人对其提供的信息眼前一亮。而要做到这一点，图片的选择和设计尤为重要。本章会给大家介绍这方面的相关知识点。

要点展示

- 图片编辑，吸睛技巧
- 图文排版，提高转发

3.1 图片编辑，吸睛技巧

对于新媒体人来说，图片编辑是避不开的话题。合适的图片可以为文章增光添彩，不合适的图片会拉低整个文章的质量，从而导致一部分用户的流失。所以本节介绍图片编辑的技巧，帮助大家更好地设计和选择吸睛图片。

3.1.1 优质好图，3大特征

新媒体用户在搜索关键词之后，跳转的页面中会出现一系列文章的封面图片，而图片质量的高低直接影响新媒体平台相关推送的阅读量与点击率。如果封面图片切合推送的主题，符合用户的审美标准，那么就能激发用户的好奇心，从而提高文章的阅读量。

那么优质的封面好图应具备哪些基本特征呢？下面以图解的形式介绍优质好图的基本特征，如图3-1所示。

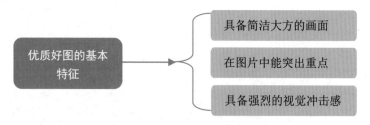

图3-1 优质好图的基本特征

一张优质的图片能对新媒体用户产生强烈的视觉冲击感，在一定程度上节约了平台推广的成本支出。对于新媒体平台的运营者来说，好的封面会让用户眼前一亮，向用户传递重要信息，从而能引发用户阅读兴趣。

3.1.2 超高颜品，8大要素

图片素材是指没有经过任何艺术加工、零散而没有系统分类的图片。图片素材选择是否合理是打造亮眼的视觉效果的基础。运营者只有对符合产品主题并且质量较高的图片素材进行适当的艺术加工，才能真正地为文章或者产品页面增添色彩。一般说来，好的图片一般包括8个方面的基础要素，具体内容如下。

1. 拥有较高清晰度

高清图片是获得平台用户良好的第一印象的法宝，它体现了商品价值的高低，直接影响着用户的价值判断。

2. 合适的颜色搭配

好的图片素材除了拥有较高的清晰度外，还应具备的一个特点便是图片背景应该整洁有序或者干净，而不是杂乱无章，不然就会给读者造成一种品牌感不强的印象。

图片的颜色搭配合适能够给读者一种顺眼、耐看的感觉，对新媒体平台而言，一张图片颜色搭配合适需要做到两个方面，一方面是选择的图片要亮丽夺目，另一方面是图片的颜色搭配要与文章的内容符合。

其中，选择的图片素材是否亮丽夺目是吸引读者关注的主要因素，舒适美观的视觉配色有利于提高图片的亮点与辨识度。因此，在没有特殊要求的情况下，图片要尽量选择色彩明亮的，因为这样的图片能给平台带来更多的点击量。下面以图解的形式介绍选择亮眼图片提高点击量的具体原因，如图 3-2 所示。

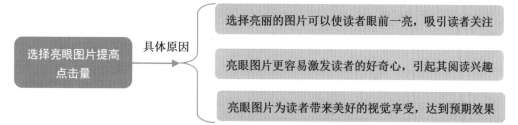

图 3-2 选择亮眼图片提高点击量的原因

很多读者在阅读文章的时候希望能有一个轻松、愉快的氛围，不愿在压抑的环境下阅读，而色彩明亮的图片就不会给读者一种压抑、沉闷的感觉，恰好能给读者带来舒适、轻松的阅读氛围。

当然，图片除了亮丽夺目外，在颜色选择上还有一个与内容是否符合的因素存在，这也是在图片的细节处理中需要注意的问题，在新媒体平台上的各种图片处理也是如此。如果推送的内容是比较悲沉、严谨的，那就应该选择与内容相适应的颜色的图片——不可使用太过活跃的颜色，因为这样会使得整体感觉脱节。

3. 视觉光线要充足

一般而言，视觉光线较好的图片素材相较于光线昏暗的图片素材而言，会更容易给用户好的视觉享受。如果在进行视觉设计时没有把握好视觉光线，一方面容易导致呈现的图片无法达到预期的视觉效果；另一方面这样的视觉图片也不足以引起读者的阅读兴趣。

4. 科学的视觉角度

要打造好的视觉效果，需要新媒体运营者在进行视觉设计时选择具有科学合理的视觉角度的图片素材，从而为文章增添亮点，提高文章的可读性，进而提高用户的阅读时长。下面以图解的形式，介绍选择视觉展示角度合理的图片素材的好处，如图 3-3 所示。

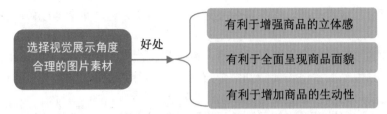

图 3-3　选择视觉展示角度合理的图片素材的好处

值得注意的是，选择视觉角度合理的图片素材，不仅是新媒体平台运营者营造最佳视觉效果的前提条件，同时也是激发用户好奇心、引起用户关注最重要的影响因素，尤其是对于企业来说更是如此。如果用户无法从接收的图片中寻找到商品的亮点与独特性，长此以往，会大大降低用户对平台的信任度和对品牌的认知度。

5. 富有创意的设计

清晰度再高、视觉光线再充足或是展示角度再准确立体，如果所采用的图片素材千篇一律，缺乏创新，那么对用户的吸引力也是有限的。要保持对新媒体用户长久的吸引力，需要运营者在视觉设计上富有创意，持续保持用户对新媒体平台的新鲜感。独具匠心的图片往往能够激发用户的好奇心理，给予用户最佳的视觉享受，从而增加产品的好感度，扩大其影响力。

6. 图片的美妆效果

企业、个人在进行新媒体平台运营时是离不开图片的，图片是让平台内容变得生动的利器，会影响读者的点击阅读量。因此，在使用图片给新媒体平台增色的时候，也可以使用一些方法给图片"化妆"，让图片更有特色，提高视觉的精美度，从而吸引更多的读者。

给图片"化妆"可以让原本单调的图片，通过多种方式变得鲜活起来。运营者要给图片"化妆"，可以通过两种方法着手进行，具体介绍如下。

（1）图片拍摄时"化妆"。新媒体平台使用的照片来源是多样的，有的是企业或者个人自己拍摄的，有的是从专业摄影师或者其他地方购买的，还有的是从其他渠道免费得到的。对于自己拍摄图片的新媒体平台运营者来说，只要在拍摄图片时，注意好拍照技巧的运营、拍摄场地布局以及照片比例布局等，就能达到给图片"化妆"的效果。

（2）图片后期"化妆"。新媒体平台运营者如果对选择的图片不太满意，可以通过后期加工来给图片"化妆"。现在用于图片后期加工的软件很多，如强大的 Photoshop、众所周知的美图秀秀等，运营者可以根据自己的实际技能水平选择图片后期处理软件，通过软件让图片变得更加夺人眼球。

7. 图片容量要合适

在选择新媒体平台推送内容中的图片时，除了要选择符合产品主题内容的图片和注重图片的精美度外，还需要选择容量适宜的图片，以便于用户的阅读。运营者应尽量将单张图片的容量大小控制在 1.5 ～ 2MB。然后在这个容量限制的基础上，对选定的图片素材进行编辑。

之所以说要选择合适的图片容量，主要是从给读者阅读体验出发的——不想让过大的图片耗费读者大量流量的同时，还要耗费图片加载的时间，从而给读者带来不佳的阅读体验。在此分两种情况介绍，具体如下。

（1）如果平台定位的读者一般习惯晚上八九点阅读文章，而这个时间段基本上人们都是待在家里，读者可以使用WiFi进行阅读，不用担心读者的流量耗费，也不用担心图片加载过慢，那么就可以适当地将图片的容量放大一些，给读者提供最清晰的图片，让读者拥有最好的阅读体验。

（2）如果平台定位的读者大部分都是在早上七八点钟阅读文章，那么使用手机流量上网的可能性就会比较大，这种情况下如果平台推送信息，就需要将图片容量控制在上面所说的 1.5 ～ 2MB，为读者节省流量的同时，也节省图片加载的时间。

8. 图片尺寸要适宜

除了上面提及的几个方面的要素外，新媒体平台运营者还应注重选择合适的图片尺寸，一方面便于图片的顺利上传，另一方面保证整个视觉页面的协调。

图片的尺寸并不仅仅指图片本身的大小（即像素），它还指在文章排版中图片显示的尺寸。图片在排版中的尺寸一般有一个固定范围，不可能做太大的调整，因此，为了保持图片的清晰度，必须考虑图片本身的尺寸大小，以提高图片的分辨率，这是实现图片高清显示的最基本保证。

3.1.3 精品美图，4 种构图

无论是企业还是个人，在新媒体上进行产品营销时，都需要为产品制作比较精美的图片。那么，在制作精品美图的过程中，我们需要掌握几种构图技巧，如分隔构图、直线构图、发散构图和渐进构图，接下来分别介绍。

1. 分隔构图

产品主图在构图上也需要进行认真的设计，因为不同的构图方法可以打造不同的视觉关注点，从而形成风格各异的产品气氛，给消费者带来视觉享受。

例如，针对服装类产品，运用得比较多的是分隔构图方法。如图 3-4 所示，为采用分隔构图法的产品图片。

图 3-4　采用分隔构图法的产品图片

　　这张商品主图运用了分隔构图法，在画面中将主图分隔成多个部分，然后每个部分展示了产品的不同部位，让消费者能够清晰明了地看到产品的特征以及产品的细节问题。

　　采用分隔构图法的好处，一是可以全方位展示产品的特点，让消费者买得放心；二是可以呈现出产品的不同颜色和款式，从而吸引消费者的注意力。虽然分隔构图法主要用于服装类商品展示中，但也不排除有别的品类的产品可以采用这种构图法。

　　2. 直线构图

　　直线构图法就是在展示产品的过程中，采用的是以直线呈现的方式，或在垂直方向上，或在水平方向上，将拍摄对象连成一条直线。这种构图法能够充分展示所拍摄对象的种类和颜色，而且使得读者更容易在视觉效果上对物品进行比较。如图 3-5 所示，为运用直线构图法呈现的图片。

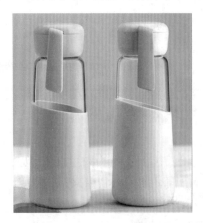

图 3-5　产品图片的直线构图

3. 发散构图

发散构图法就是在展示产品的过程中，产品一端的延长线会集中指向某一点，而另一端按照一定的规则向四周分散开来。发散构图法一般适用于比较细长的商品类型，其构图优势如图 3-6 所示。

图 3-6　发散构图法的优势

如图 3-7 所示，为产品主图的发散构图方法。两张图片的产品都呈发散式扩散，既能够扩展消费者的目光，又可以聚集消费者视觉的焦点。如果想让消费者注意到商品的品牌，运营者在拍摄的时候还可以在焦点处放置品牌的标识，以达到宣传推广的目的。

图 3-7　商品主图的发散构图法

4. 渐进构图

渐进构图法就是对产品有组织、有顺序地进行排列然后拍摄图片，排列的方法有很多，比如由大到小、由远及近等。这样做的好处有很多，主要体现在 3 个方面，如图 3-8 所示。

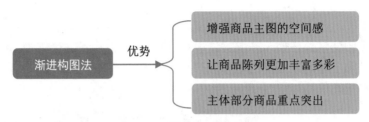

图 3-8　渐进构图法的优势

3.1.4　图片营销，协助推广

新媒体平台要引爆读者的眼球，无非就是为了平台推广，获取利益。那么，怎么让图片起到推广的效果？下面教大家几种方法。

1. GIF 动图

图片格式的选择是多样的，包括 PNG、JPG、GIF、TIFF 等。很多新媒体运营者在放图片的时候都会采用 GIF 动图的形式，这种动起来的图片确实能为平台吸引不少的读者。相对于传统的静态图，它的表达能力更强大，更有动感。静态图片只能定格某一瞬间，而一张动图则可以演示一个动作的整个过程，其效果自然会更好。

如果想把自己的产品通过文章推广出去，并扩大品牌影响力，那么可以在文章中加入动图形式，展示产品的全方面特色，以便吸引更多的读者和消费者，实现吸粉引流的目标。

2. 长图文

长图文是使新媒体平台的图片获得更多关注的一种好方法。长图文将文字与图片融合在一起，借文字描述图片内容的同时，使得图片所要表达的意思更生动、形象，二者相辅相成，相互配合，能够使内容的阅读量达到惊人的效果。如图 3-9 所示，为微博平台上的长图文案例分享。

在制作长图文的过程中，运营者应注重图片素材选择的连贯性，保证推送内容的一致性。另外，要想取得好的视觉效果，还要注重过渡语言的描写。

3. 图片水印

给新媒体平台的图片加上专属的水印，也可以起到协助推广的作用，例如，微信公众号、App 名称、个人联系方式等。如图 3-10 所示，为"英国报姐"公众号发送的文章，该公众号文章中的图片便添加了水印。

图 3-9　长图文案例分享

图 3-10　"英国报姐"公众号推送的文章

3.2　图文排版，提高转发

如果说新媒体运营中的内容是让作者与读者之间产生思想上的碰撞或共鸣的武器，那么作者对运营内容的格式布局就是给读者提供一种视觉上的享受。内容版式对运营有很重要的作用，它决定了读者是否会舒适地看完整篇内容，即决定着读者在阅读界面停留时间的长短。

3.2.1 文章段落，首行缩进

首行缩进的效果是让内容看起来更有段落感，不至于让眼睛疲劳和难以思考。有的新媒体平台不适合段落首行缩进，例如，微信公众号平台的推文就不适合传统的首行缩进，换句话说不使用首行缩进的文章，在手机上会显得更整齐美观，如图3-11所示。

图3-11　不使用首行缩进的微信公众号推文

3.2.2 排版要点，加粗调色

运用新媒体平台发布内容的时候，想要突出自己的主题，可以用要点字体加粗调色的方法。下面以新媒体中最具代表性的微信公众平台为例进行分析，具体内容介绍如下。

1. 字体加粗

一般的文本编辑中，多采用要点字体加粗的方法，这样可以使读者快速地抓住内容的主题，如图3-12所示。这种突出要点的操作方法，可以通过平台上的"加粗设置"来完成。

2. 字体调色

文章的文字颜色是可以随意设置的，并不只是单调的一种颜色。从读者的阅读效果角度出发，将文章中的文字颜色设置为符合阅读习惯和兴趣的最佳颜色是非常有必要的。文字的颜色搭配适宜是让文章获得吸引力的一个重要因素，良好的文字颜色搭配不仅能提升读者阅读的舒适感，还能使得文章的整体版式更具特色，而当一篇新媒体文章同时满足了这两点，就很容易成为爆款文章。

图 3-12　要点字体加粗的案例分享

运营者在进行字体颜色设置的时候，要以简单、清新为主，尽量不要在一篇文章中使用多种颜色的字体，这样会让版面看起来非常花哨，使得整篇文章缺少一种舒适、整齐的感觉。如图 3-13 所示，为要点字体调色的案例分享。

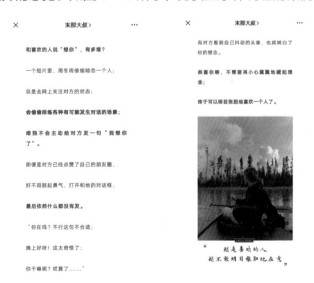

图 3-13　要点字体调色的案例分享

同时，文字的颜色要以清晰可见为主，不能使用亮黄色、荧光绿这类让读者眼睛容易不舒适的颜色，尽量以黑色或者灰黑色的颜色为主。

3.2.3 文章开头，善用分隔

分隔线是将两个不同部分内容分隔开来的一条线。虽说它叫分隔线，但是它的形式不仅仅是线条，还可以是图片或者其他的分隔符号，用户可以根据自身需要任意选择。

分隔线可以用于内容的开头部分，也可以用于内容中间或结尾部分，起到段落分明的作用。如图3-14所示，为微信公众号平台分隔线的使用案例分享。

图3-14 将分隔线用于内容开头的案例分享

借助分隔线将文章的内容分开，这样能起到一种提醒作用，同时也能增加内容排版的舒适感，给读者带去更好的阅读体验。对于新媒体平台提供的分隔线类型少的问题，运营者可以借助其他软件来设计更多的分隔线类型。

3.2.4 内部细节，图文搭配

虽然现在的运营有语音、视频等多种样式，但是大多数新媒体的内容还是以图文结合型为主。新媒体运营者在进行图文排版的时候，如果想让版式看起来更舒适，需要注意以下几点。

1. 图片版式、大小一致

在同一内容中，用到的图片与版式要一致，给读者统一、有整体性的感觉。如果运营者在内容的开头用的是圆形图，那么后面的图片同样需要用圆形图；开头如果是矩形图，后面同样用矩形图。

2. 图文之间要有间距

图文之间要有间距，可以分为以下两种情况进行分析。

（1）图片与文字间要隔开一段距离，不能太紧凑。如果图片与文字距离得太近，版面会显得很拥挤，给读者造成的阅读体验不佳。

（2）图片与图片之间不要太紧凑，要有一定的距离。如果两张图片之间没有间隔，就会给读者是一张图的错觉。尤其是连续在一个地方放多张图片的时候，特别要注意图片之间的距离。有一些新媒体平台在上传多张图片时，不会自动空开图片之间的距离，运营者在发布内容之前要多加检查和注意。

有的文章可能不需要太多的图片进行辅助说明，只是起到一个丰富版面的作用，那么只用一两张图片就好；有的文章则必须用多张图片来解释说明，才能将文章内容传达给读者。这就是为什么要根据文章内容安排图片数量的原因。

3.2.5 间距问题，内容调整

排版中，文字之间间距的把握很重要，尤其是对于用手机浏览营销内容的用户来说更是如此。适宜的文字间距主要指3个方面的距离要适宜，下面同样以微信公众号为例，为大家进行讲解。

1. 字符间距

字符间距指的是横向间的字与字的间距，字符间距宽与窄会影响读者的阅读体验，也会影响整篇内容篇幅的长短。

微信公众号的后台，没有可以调节字符间距的功能按钮，所以微信运营者如果想要对公众平台上的文字进行字符间距设置的话，可以先在其他的编辑软件上编辑好，然后再复制到微信公众平台的内容编辑栏中。

2. 行间距

行间距指的文字行与行之间的距离，行间距的多少决定了每行文字间纵向的距离，行间距的宽窄也会影响内容的篇幅长短。在微信公众号后台群发功能的新建图文消息的图文编辑栏中设有行间距排版功能，其提供的行间距宽窄有7种，如图3-15所示。

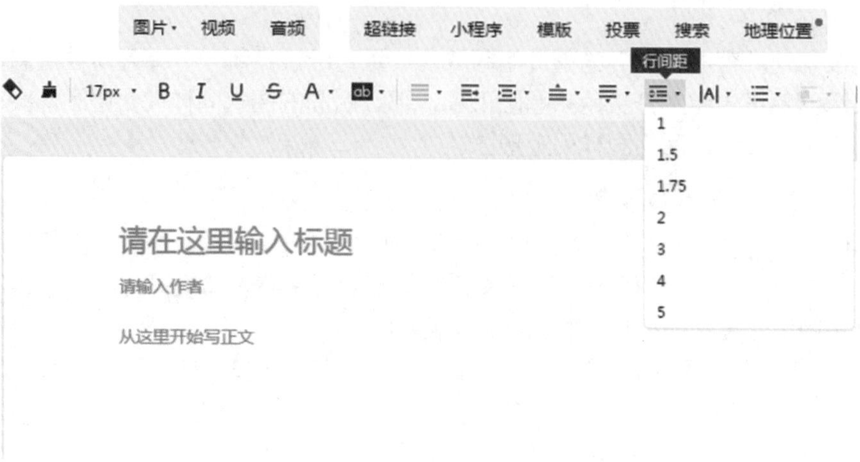

图 3-15　7 种行间距

运营者可以把每一种间距都设置一下，看哪种间距的版式在视觉体验上效果更好。

3. 段间距

文字的段间距指的是段与段之间的距离，段间距的多少也同样决定了每行文字纵向间的距离。

在微信公众号后台群发功能的新建图文消息的图文编辑栏中设有段间距排版功能，且分为段前距与段后距两种。

微信公众平台运营者可以根据自己平台的读者喜好去选择合适的段间距。微信公众平台运营者要弄清楚读者喜好的段间距风格，可以给读者提供几种间距版式的内容让读者进行投票。

3.2.6　善用工具，其他编辑器

微信公众号作为新媒体运营的重要平台，其所提供的编辑功能是有限的，只有最简单的内容排版功能，这一现状对使用微信公众平台的运营者来说就显得太单调了，不能够吸引读者的眼球。

因此运营者可以借助一些功能更齐全的第三方编辑器来帮助自己设计出有特色的内容版式，以吸引读者的眼球，比如秀米编辑器、135 微信编辑器、i 排版编辑器等。第三方编辑器有很多，关键是看大家能不能利用好。如图 3-16 所示，为秀米编辑器的页面截图。

图 3-16　秀米编辑器页面截图

第 4 章

公众号，享流量红利

学前提示

从聊天到创业赚钱，微信已经融入人们的生活当中，个人和企业都可以打造属于自己的微信公众号，并实现与公众号粉丝在文字、图片、语音上的全方位沟通和互动。

本章就将揭秘新媒体运营中最具代表性的微信公众平台的运营。

要点展示

- 创建账号，快速入门
- 内容管理，增加好感
- 搜索运营，吸引用户

4.1 创建账号，快速入门

在运营公众号之前，需要先注册一个微信公众账号。用户可以通过电子邮箱进行绑定注册。下面具体介绍微信公众号的注册流程和信息设置。

4.1.1 账号注册，拥有专属

微信公众号的注册比较简单，具体操作如下。

步骤01 在搜索引擎中搜索"微信公众平台"，然后单击"微信公众平台"的官方链接，如图 4-1 所示。

图 4-1 搜索"微信公众平台"

步骤02 进入"微信公众平台"界面后，单击"立即注册"按钮，如图 4-2 所示。

图 4-2 单击"立即注册"按钮

步骤03 进入"请选择注册的账号类型"界面，然后依据自己的需要选择注册的账号类型。这里以订阅号为例，选择"订阅号"选项，如图 4-3 所示。

图 4-3 选择"订阅号"选项

步骤 04 执行操作之后，进入填写信息界面，将所需要填写的信息全部填完之后，单击"注册"按钮，如图 4-4 所示。

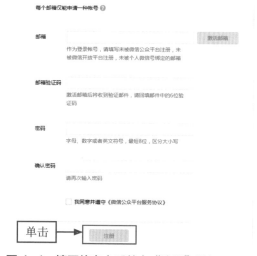

图 4-4 填写信息之后单击"注册"按钮

步骤 05 登录自己的邮箱，查看微信公众平台所发送的激活邮件，填写邮箱验证码，如图 4-5 所示。

步骤 06 以上操作完成之后，开始填写个人身份信息，如图 4-6 所示。注意填写的信息必须真实有效。

步骤 07 用绑定了管理员本人银行卡的微信扫描二维码，并进行管理员信息登记，如图 4-7 所示。公众号注册成功之后，该管理员就可以通过微信扫码直接登录公众号了。

图 4-5　微信公众平台发送的激活邮件

图 4-6　填写个人身份信息

图 4-7　管理员信息登记

4.1.2　账号设置，完善信息

　　微信公众号注册成功之后，运营者就可以进入微信公众号后台，进行账号设置了。下面介绍能设置并修改的 6 项账号内容，以便让信息更完善、账号更吸睛。

1. 头像设置

说到头像，一般的运营者都会认为，它是一个非常重要的标识。特别是微信公众号头像，人们搜索公众号时，其结果显示的就是头像与名称，而头像作为以图片形式呈现给用户的账号标识，能带给读者巨大的视觉冲击，达到文字所不能实现的效果。如果想更换一个更好、更吸睛的头像，应该怎么设置呢？下面进行具体介绍。

步骤01 登录微信公众号，进入微信公众号后台首页，单击"公众号设置"按钮，如图 4-8 所示。

步骤02 执行操作之后，进入"公众号设置"页面，选择"账号详情"选项卡，然后单击"头像"按钮，如图 4-9 所示。

图 4-8　单击"公众号设置"按钮　　　**图 4-9　单击"头像"按钮**

步骤03 执行操作后，弹出"修改头像"页面，其中显示了头像修改的相关说明。单击"选择图片"按钮，进入相应文件夹，选择一张图片；然后单击"下一步"按钮，如图 4-10 所示。

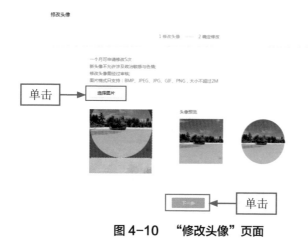

图 4-10　"修改头像"页面

步骤 04 进入"确定修改"页面，单击"确定"按钮，如图 4-11 所示。上述操作完成之后，便可完成头像修改。

图 4-11 "确定修改"页面

在选择新的头像时，运营者应该结合账号本身的用户情况和推广需求来进行设置，否则做的就是无用功。

2. 公众号名称设置

公众号名称作为读者搜索和添加公众号的依据，它是独一无二的，因此运营者巧妙利用后台的公众号名称可修改功能，设置一个更易搜索和便于记住的名称，就显得尤为重要了。接下来就对公众号名称的修改操作进行讲解，以便帮助更多的运营者找到更好的运营途径。

步骤 01 进入"公众号设置"下的"账号详情"页面，单击"名称"右侧的"修改"按钮，如图 4-12 所示。

图 4-12 单击"修改"按钮

步骤 02 在弹出的"修改名称"页面中有一个二维码，扫描该二维码进行管理员身份验证，如图4-13所示。

图4-13　扫描二维码验证管理员身份

步骤 03　身份验证成功之后，进入"修改名称"页面的第二步，即"同意协议"，简单阅读条款，然后单击"同意并进入下一步"按钮，如图4-14所示。

图4-14　单击"同意并进入下一步"按钮

步骤 04　进入"修改名称"页面的第三步，即"修改名称"，输入自己准备好的账号名称，单击"确定"按钮，如图4-15所示。

步骤 05　执行操作之后，来到"修改名称"页面的第四步，即"确定修改"最后确认是否修改公众号名称，如果确定，就单击"确定"按钮，如图4-16所示。

步骤 06　上述操作完成之后，会弹出一个新的界面。最后确认名称修改的信息，如果放弃改名或者名称信息错误，可以在规定的时间之内进行撤销。确认无误之后，单击"关闭"按钮，如图4-17所示。

图 4-15　填写准备好的账号名称

图 4-16　确定修改后单击"确定"按钮

图 4-17　确认无误后单击"关闭"按钮

3. 账号介绍

资料页面显示的信息是用户了解该公众号的入口和关键，假如它能引人入胜、给人一个好的个人或者企业的品牌形象，用户就会选择关注。那么应该怎么操作呢？具体方法如下。

步骤 01 进入"公众号设置"下的"公开信息"页面，单击"介绍"右侧的"修改"按钮，如图4-18所示。

图4-18　单击"修改"按钮

步骤 02 在新弹出的"修改功能介绍"页面中，进行该页面的第一步，即"修改功能介绍"。在该页面中输入自己准备好的相关介绍，单击"下一步"按钮，如图4-19所示。

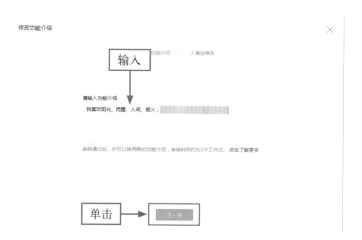

图4-19　输入信息后单击"下一步"按钮

步骤 03 上述操作完成之后，进入"修改功能介绍"页面的第二步，即检查填写的文字信息，确认无误后单击"确定"按钮，如图 4-20 所示。

图 4-20　信息确认无误后单击"确定"按钮

另外，公众号运营者还需要确认修改后的信息不含有国家相关法律法规禁止的内容，因为如果含有违法违规的内容将不能成功提交。这在"确定修改"页面上有提示，运营者需要加以注意。

4. 隐私设置

公众号的"隐私设置"是非常重要的，其直接关系到公众号的引流涨粉。只有打开了公众号的"隐私设置"，其他用户才能通过公众号名称搜索到你的账号并进行关注。所以运营者在注册公众号之后，一定要记得进入"公众号设置"界面的"功能设置"页面进行"隐私设置"设置，具体操作如下。

步骤 01　进入"功能设置"页面，单击"隐私设置"右侧的"设置"按钮，如图 4-21 所示。

图 4-21　单击"设置"按钮

步骤 02　执行操作后，弹出"隐私设置"页面，在"是否允许用户通过名称搜索到本公众号"下方，选中"是"单选按钮；单击"确定"按钮，如图 4-22 所示。

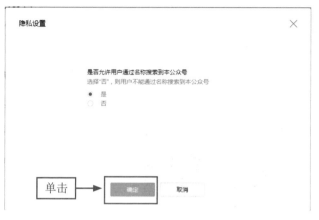

图4-22 "隐私设置"页面

5. 水印设置

若运营者想要微信公众号文章中的图片吸引更多读者的眼球，获得更多读者的喜爱，可以给文章中的图片加上标签。这一操作也可以在"功能设置"页面中完成，具体操作如下。

步骤01 进入"功能设置"页面，单击"图片水印"右侧的"设置"按钮，如图4-23所示。

图4-23 单击"设置"按钮

步骤02 执行操作之后，就会弹出"图片水印设置"页面，在该页面有3个选项，即"使用微信号""使用名称""不添加"，用户可根据自己的实际情况选择，一般来说，选择"使用名称"为佳，这样便于给其他用户留下印象；单击"确定"按钮，如图4-24所示。

6. IP白名单设置

在运营微信公众号的过程中，如果没有开通IP白名单，也就不能获取access_token（注：access token译为访问令牌，是Windows操作系统安全性的一个概念），自然也就不能调用各接口了。换句话说，开通白名单才能获取调用各接口的 access_token。那么，IP 白名单应该如何设置呢？具体操作如下。

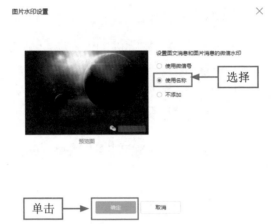

图 4-24　"图片水印设置"页面

步骤 01　登录微信公众号，进入微信公众号后台。选择后台左侧菜单栏中的"安全中心"选项，如图 4-25 所示。

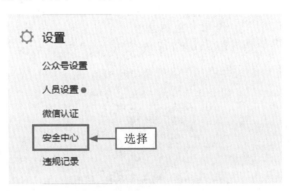

图 4-25　选择"安全中心"选项

步骤 02　进入"安全中心"页面，然后单击"IP 白名单"右侧的"去设置"按钮，如图 4-26 所示。

步骤 03　执行操作之后，弹出"IP 白名单设置"页面，在文本框中输入 IP 地址；单击"确认修改"按钮。至于如何确认 IP 地址，在"IP 白名单设置"页面中有一个"点击了解"文字链接，可以单击该链接查看，如图 4-27 所示。

图4-26　单击"去设置"按钮

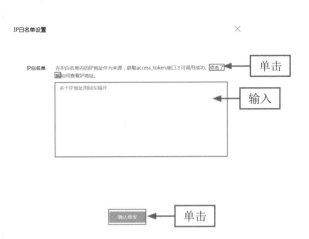

图4-27　"IP 白名单设置"页面

4.2　内容管理，增加好感

要想做好微信公众号运营，就要对内容创作提高要求，因为只有丰富的、有趣的内容才能吸引用户。因此对于微信公众平台的内容，运营者一定要多以文字、图片和视频等形式表现主题。在微信公众平台的内容方面，要把握好两个要点，接下来一一进行介绍。

4.2.1　增加个性，脱颖而出

说到个性化内容，它也许是企业最难把握的一个要点。因为企业在发布微信内容时，无论是在报道方式上，还是在内容形式上，都倾向于长期保持一致性，这样才能给用户一种系统而直观的感受。

对于公众号运营者来说，长期的个性化往往很难做到，做得不好还容易让企业的自成体系失去平衡。但是，如果企业想要让自己的微信公众号与他人的微信公众号"划清界限"，变得更加容易被用户识别，那么个性化的微信内容是必不可少的。个性化的内容不仅可以增强用户的黏性，使之持久关注，还能让企业微信公众号在众多公众账号中脱颖而出。

4.2.2 有实用性，留住用户

在利用微信公众号进行运营和营销的过程中，企业一定要注意内容的实用性。这里的实用是指符合用户需求，对用户有利、有用、有价值，如图 4-28 所示。无论是哪方面的内容，只要能够帮助用户解决困难，就是好的内容。而且只有有价值和实用的内容，才能留住用户。

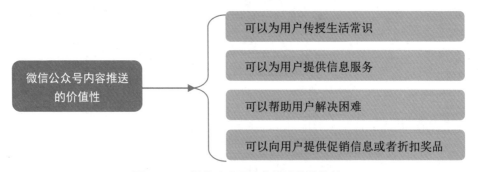

微信公众号内容推送的价值性

可以为用户传授生活常识

可以为用户提供信息服务

可以帮助用户解决困难

可以向用户提供促销信息或者折扣奖品

图 4-28　微信公众号内容推送的价值性

4.3　搜索运营，吸引用户

微信公众号是微信中搜索概率最大的流量入口之一，还是一个重要的分享和引流入口，因为有了分享的入口和粉丝入口，公众号的搜索入口才会更大。因此，运营者要做好公众号的排名优化工作。

4.3.1 抢占入口，两种方法

微信搜索入口是用户最常用到的一个搜索入口，如果他们有想要查找的目标公众号，并且知道名称，一般都会通过微信搜索入口查找进入。影响公众号搜索排名的因素有很多，不同类型、不同领域的公众号都有其不同的影响因素，运营者首先需要从微信的搜索入口分析，找出能够优化公众号搜索排名的方法，下面进行具体介绍。

1. 公众号取名方法

用户搜索公众号，主要是直接使用关键词进行搜索，因此，公众号的名称要在直观上给用户一种能够满足其需求的感受，那么，运营者要如何取一个在直观感受上就能够吸引用户眼球的名称呢？下面从3个方面分析介绍，如图4-29所示。

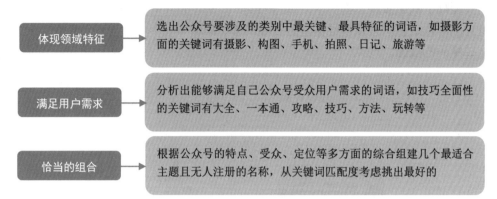

图 4-29　如何取公众号名称

2. 公众号文章标题

公众号文章要想吸引到读者，就要重点做好标题。因为用户搜索是直接用关键词搜索，所以标题中最重要的是关键词。下面从标题的关键词热度、关键词次数和关键词主题 3 个方面分析介绍，如图 4-30 所示。

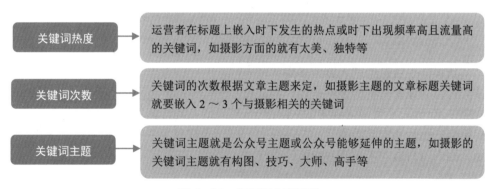

图 4-30　如何取文章标题

4.3.2　引导关注，两种方式

在新媒体平台上，运营的必要阶段一定是吸粉导流。运营者要想方设法地把商家信息放入新媒体平台的发文中，把新媒体平台上的用户导入到自己需要引流的地方。

1. 结尾放置二维码

大多数新媒体运营者都知道在文章结尾放入导流语，可以对产品或微信公众号进行引流。下面介绍一种结尾放置二维码的方法，建议运营者试验一下，看看效果如何。结尾放置二维码法，顾名思义，就是在公众号文章中放入运营者需要推广的产品、微信公众号或作者的二维码等。如图 4-31 所示，为公众号文章结尾二维码的截图。

图 4-31　微信公众号文章结尾二维码分享

2. 图文求关注

新媒体平台的用户人群大多是年轻一代，而此类人群比较有个性，他们喜欢搞笑、奇特或富有潮流性的东西，容易被不一样的形象吸引住。因此，运营者可以抓住这一点，在文章内容中加入网络上较新颖的语言、图片，来寻求关注和转发，如果你的图片和文字吸引了用户注意力，自然会获取用户的关注。如图 4-32 所示，为内容有趣的求关注、求赞的图文。

图 4-32　求关注、求赞的图文分享

第 5 章

大鱼号，创作者天堂

学前提示

大鱼号是阿里大文娱旗下的内容创作平台，为内容创作者提供多个内容分发渠道，包括 UC、土豆、优酷等平台。大鱼号在创作收益和原创保护等方面给予创作者充分的支持，在内容服务等方面给予大鱼号用户比较优质的体验，是新媒体运营者不可放弃的一块领地。

要点展示

- 账号入驻，运营前提
- 内容创作，5 种形式
- 增粉引流，提升权重

5.1 账号入驻，运营前提

大鱼号适合个人、媒体、企业、政府或其他组织入驻。其中，个人自媒体账号适合个人写作者、意见领袖以及垂直领域专家等。本节主要介绍大鱼号的注册方法和信息修改与完善。

5.1.1 入驻规范，遵守要求

大鱼号平台对运营者的入驻账号资料进行了严格的把关，它在账号名称、账号简介、账号头像、授权运营者信息等方面都制定了一些入驻规范，如图 5-1 所示。这些规范是为了保障平台内容生态的健康发展，减少低质量的内容在平台上传播，维护优质内容创作者的利益，提升用户体验。

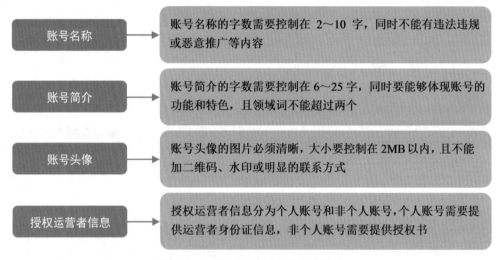

账号名称	账号名称的字数需要控制在 2～10 字，同时不能有违法违规或恶意推广等内容
账号简介	账号简介的字数需要控制在 6～25 字，同时要能够体现账号的功能和特色，且领域词不能超过两个
账号头像	账号头像的图片必须清晰，大小要控制在 2MB 以内，且不能加二维码、水印或明显的联系方式
授权运营者信息	授权运营者信息分为个人账号和非个人账号，个人账号需要提供运营者身份证信息，非个人账号需要提供授权书

图 5-1　大鱼号账号的入驻规范简介

在授权书信息中，注意照片和文字信息必须清晰，同时授权书中的大鱼号名称、授权组织名称、被授权人姓名、身份证号码等信息，与账号入驻时填写的组织名称、申请的大鱼号名称、运营者姓名、身份证号码都要一致。

5.1.2 注册账号，一步到位

大鱼号具有强大的推送能力和商业变现能力，并且用户黏性高，下面介绍大鱼号的注册流程。

步骤 01　利用搜索引擎找到大鱼号的官网并打开，进入"注册"页面输入手机号，获取验证码并填入，最后单击"登录"按钮，如图 5-2 所示。

步骤 02　进入"选择入驻类型"页面，用户可以根据自己的需要进行选择，这里以个人为例讲解，选择其他入驻类型也可以参照个人账号入驻流程；单击"普通入驻"按钮，如图 5-3 所示。

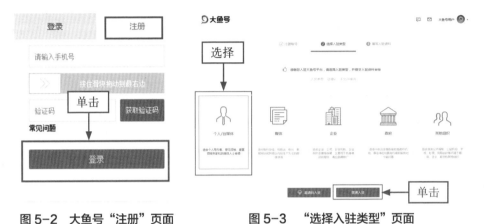

图 5-2　大鱼号"注册"页面　　　　图 5-3　"选择入驻类型"页面

步骤 03　执行操作之后，按照大鱼号平台的要求输入正确的信息。首先填写"大鱼号信息"，必须填写的内容有大鱼号的名称、介绍、领域、头像、所在地，如图 5-4 所示。

图 5-4　填写大鱼号信息

步骤 04　填写"主体信息"，也就是实名认证。在认证之前，先单击"点此查看实名认证操作指引"链接，里面有具体的认证流程，认真阅读；单击"立即认证"按钮，如图 5-5 所示。

步骤 05　执行操作之后，弹出一个含有二维码的新页面，按照要求用手机淘宝 App 扫描该二维码进行认证，如图 5-6 所示。

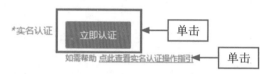

图 5-5　单击"立即认证"按钮

图 5-6　利用手机淘宝 App 扫描二维码进行认证

步骤 06　在淘宝进行实名认证，按照淘宝平台的认证步骤一步一步来，这里就不赘述了。认证成功之后，"实名认证"处就会显示"实名认证成功"，如图 5-7 所示。

图 5-7　实名认证成功

步骤 07　认证之后填写"运营联系信息"和"辅助资料"，如图 5-8 所示。带星号的项是必须填写的，不带星号的项按照自己的情况可填可不填。

图 5-8 填写"运营联系信息"和"辅助资料"

步骤 08 在填写完上述的所有信息之后，勾选"我同意并遵守《大鱼号平台服务协议》与《隐私权政策》"复选框；单击"提交审核"按钮，等待平台的审核即可，如图 5-9 所示。

图 5-9 单击"提交审核"按钮

5.1.3 账号信息，完善修改

内容创作者入驻大鱼号后，还可以根据自己的需要完善和修改各种账号信息，如擅长领域、账号名称、收款信息、绑定邮箱、主体信息以及运营者信息等，具体操作如下。

步骤 01 登录大鱼号进入后台，然后进入"我的账号→账号管理→大鱼号信息"页面，在该页面可以修改大鱼号的名称、领域、介绍、头像等基础信息，如图 5-10 所示。有一点需要注意，大鱼号的领域如果频繁修改，会影响账号垂直度等维度的评估，减少账号被平台推荐的机会，而且平台规定每 3 个月才可以修改一次；名称也是至少 3 个月才可修改 1 次。

步骤 02 单击"账号管理"页面的"主体和收款信息"栏，进入"主体和收款信息"页面，填写自己的收款信息；单击"保存"按钮，如图 5-11 所示。注意检查不要写错，这关系到后面的收入提现。

图5-10 修改完善"大鱼号信息"

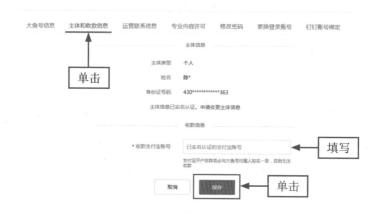

图5-11 修改完善"主体和收款信息"

步骤 03 单击"账号管理"页面的"运营联系信息"栏，进入该页面，如果要更换自己的手机号码或者邮箱，就单击"编辑"按钮，如图5-12所示。执行操作之后，会弹出一个新的页面，输入要更改的联系信息，然后单击"提交"按钮，如图5-13所示。

步骤 04 单击"专业内容许可"栏，进入该页面，有平台要求的资质证明的运营者可以上传资质证明，这样会得到平台更多的推荐，如图5-14所示。

步骤 05 单击"账号管理"页面的"修改密码"栏，进入该页面进行密码修改，单击"下一步"按钮，如图5-15所示。执行操作之后，密保手机会收到验证码，将验证码输入；单击"下一步"按钮，如图5-16所示。然后会弹出新的页面，在该页面中输入自己的新密码，然后单击"确定"按钮，如图5-17所示。

在大鱼号平台中，拥有一个得体又很有特色的账号名称是非常重要的，对普通人来说可能这个名称无关紧要，只要自己高兴便好，但对于大鱼号运营者来说，就要仔细斟酌，再三考虑。

图 5-12 单击"编辑"按钮   图 5-13 更改邮箱和手机信息

图 5-14 "专业内容许可"页面

图 5-15 单击"下一步"按钮

图 5-16　填写验证码

图 5-17　输入新密码并确定

因为每个大鱼号运营者都有着自己不同的目标，要给用户呈现出独特的理念才行，因此账号名称一定要有很高的识别度，好用好记，同时还要打造出一个"网红"名字，这样更容易把运营者变成"网红"。

账号名称的总体要求是：告诉大家你是谁，以及你是做什么的。同时，账号名称还要考虑两点：易记、易传播。把握好要点才能起个满意的名称，那如何把握要点呢？具体如下。

（1）突出运营者的兴趣和重点内容。

（2）使用简单好记的独特化名称。

（3）在名称里巧妙嵌入广告，杜绝恶俗营销名称。

在起名的时候还要避免下面这些误区：没有汉字，全是符号；使用繁体字和负能量字眼；名字前面加很多字母；名字太长，没有重点。

5.2 内容创作，5 种形式

在大鱼号平台上，运营者可以创作的内容包括图文、短视频、小视频、图集和商品推广等，本节将介绍这些内容形式的具体创作方法。

5.2.1 创作图文，提高质量

运营者可以进入大鱼号后台的"创作→图文"页面，直接编辑图文内容，具体包括文章标题、正文内容、作者名称、文章封面以及其他设置，如图 5-18 所示。

图 5-18 "图文"内容创作页面

设置好图文内容后，系统会自动检测正文并选择封面图片，运营者也可以单击"从正文中选择"按钮，选择一张有趣、有辨识度的封面图片，然后单击"发表"按钮，如图 5-19 所示。注意，大鱼号图文内容的封面图尺寸通常为 16：9，像素要大于 356×200，大小不能超过 5MB。

正常情况下，经过系统审核通过的原创和优质文章，都会发布到 UC 浏览器平台上，并推送给订阅粉丝。同时，对于符合下发要求的文章，还能在 UC 头条下发，获得平台的更多推荐资源。

大鱼号爆文具体需要注意些什么，有什么技巧呢？主要有以下 3 个方面。

（1）标题点睛。大鱼号的文章标题要切合文章内容，同时运营者可以多参考模仿爆文标题，并且多加一些志同道合的朋友，把文章的标题列出一百个，让朋友帮你选择，最终得分最高的就是读者最想点进去的标题。

（2）内容精度。在大鱼号里面应该以"轻松 + 有深度"结合的内容为主。大鱼号的主要受众仍旧是一些有碎片化时间的读者，所以不建议写一些晦涩难懂的知识，即使这些有人看，但看的人不会太多。

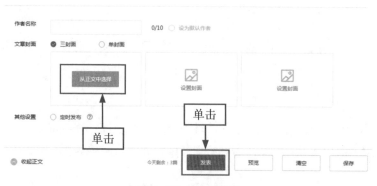

图 5-19　设置封面

（3）领域垂直度＋合理蹭热点。蹭热点，必须在第一时间蹭，因为等到热点过去一段时间再蹭，反而会增加读者的视觉疲劳，此时读者的大脑已经接收了太多类似的内容，产生了一种"自我免疫"作用，除非你能有一些特别新颖的观点。除了蹭热点之外，领域垂直也是大鱼号支撑的要点之一，建议运营者尽量只发一个领域的内容，不要想着什么都做，什么内容都发，这样是错误的。

5.2.2　发短视频，获得推荐

运营者可以进入大鱼号后台的"创作→短视频"页面，通过本地上传或者选择素材的方式来上传短视频素材。

步骤01　登录大鱼号后台进入"创作→短视频"页面，单击该页面的"本地上传"按钮，如图 5-20 所示。

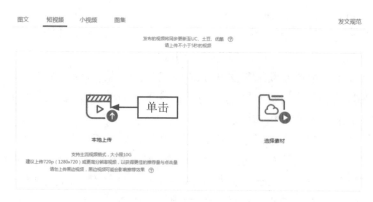

图 5-20　"短视频"内容创作页面

步骤02　选择自己制作完成的短视频上传，等待上传完成，在等待视频上传的过程中可以填写下面的信息，如图 5-21 所示。

图 5-21　上传视频并设置视频标题和视频简介

步骤 03 操作完成之后，单击该页面的"预览"按钮，确认无误之后，单击"发表"按钮，如图 5-22 所示。

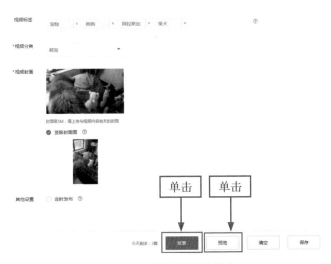

图 5-22　设置封面并发表

注意，在选择视频的封面时有 3 个选项，即本地选择、素材库中选择、视频截图中选择。一般来说，为了贴近视频内容，都会从视频截图中选择视频封面，带有黑边的视频截图会自动优化，同时还可以对视频截图进行裁剪。但是视频一旦发布，标题或封面图就无法修改了，所以运营者在选择的时候要认真谨慎，毕竟封面也是吸引用户目光的一大武器，不可随意为之。

5.2.3　发小视频，抢占流量

大鱼号平台的小视频通常为时长 5 ~ 60 秒的竖版视频，内容优质且画面清晰的小视频作品，可以为运营者带来更多流量。小视频和短视频的区别在于视频大小、分辨率和发布渠道，短视频的大小可以达到 10GB，分辨率为 720P 及以上，发布渠道为 UC、土豆和优酷等平台；而小视频的大小通常在 100MB 以内，发布渠道主要为 UC 小视频频道和 UC 首页小视频集合。

步骤 01 登录大鱼号进入后台"创作→小视频"页面，单击"点击上传"按钮，如图 5-23 所示。

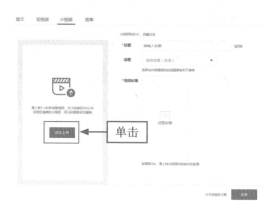

图 5-23　单击"点击上传"按钮

步骤 02 视频上传完成后会自动进行转码，在转码的过程中可以在页面右边输入相对应的信息，完成后单击"发表"按钮，如图 5-24 所示。

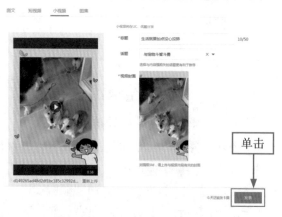

图 5-24　设置视频标题和封面

5.2.4　创作图集，吸引眼球

对于喜欢摄影和记录生活，但缺乏文字创作能力的运营者来说，发布图集也是一种不错的内容创作形式。

步骤 01 登录大鱼号后台进入"创作→图集"页面，单击该页面的"添加图片"按钮，如图 5-25 所示。

图 5-25 单击"添加图片"按钮

步骤 02 执行操作后会弹出一个新的页面，单击该页面的"添加本地图片"按钮，添加自己准备好的图片，如图 5-26 所示。

步骤 03 图片上传完成之后，可以单击☑按钮，对图片进行剪裁，统一图片的大小，如图 5-27 所示。

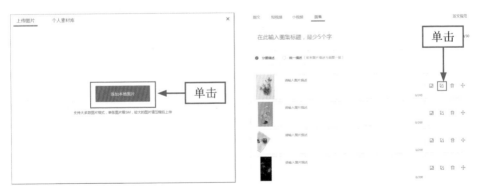

图 5-26 单击"添加本地图片"按钮   **图 5-27 单击☑按钮**

步骤 04 执行操作之后，进行图集的封面设置，设置完成后单击"预览"按钮；确认无误后单击"发表"按钮，如图 5-28 所示。

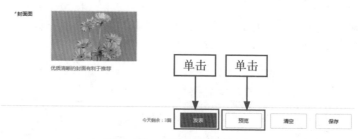

图 5-28　设置封面并发表

在创作图集内容时，运营者需要掌握一些操作技巧和注意事项。

（1）图片数量：3 ～ 25 张图片，单张图片大小不超过 5MB。

（2）图片格式：支持除 gif 以外的大多数图片格式。

图集内容创作者需要注意的是，图集目前不支持原创维权、声明原创和开启展示广告卡片等权益。

5.2.5　商品推广，创作技巧

除了图文、图集和视频内容外，运营者还可以在大鱼号平台上创作商品推广的内容形式，这种内容可以称之为"商品文"。

要发布"商品文"，运营者先要获得"U+ 任务·图文商品推广""淘票票商品推广""U+ 任务·小视频商品推广"或"U+ 任务·短视频商品推广"等高阶权益，其申请入口为"成长→权益中心→UC 权益"页面，其中列出了相关权益的获取条件和申请入口，如图 5-29 所示。

图 5-29　UC 高阶权益

运营者在创作图文内容时，可以使用"写文章"模板和"商品导购创作"模板来创作"商品文"。

（1）"写文章"模板：在普通资讯文章中加入商品链接，适合资讯、干货经验介绍类的文章内容。

（2）"商品导购创作"模板：这是大鱼号商品推广的主要应用模板，包括单品导购创作、清单导购创作和视频导购创作 3 种内容形式，比较适合商品功能推荐、产品评测类的内容。

5.3 增粉引流，提升权重

大鱼号的粉丝运营包括"涨粉"和"活粉"两个部分，"涨粉"的目的是提升粉丝数量，让更多人关注你的大鱼号；而"活粉"的目的则是提升粉丝的活跃度，增强大鱼号和粉丝之间的黏性。本节主要介绍大鱼号"涨粉"的相关技巧，具体包括站内、站外和线下 3 个渠道，帮助运营者提升大鱼号的权重。

5.3.1 站内吸粉，平台推广

站内吸粉是指利用大鱼号本身的平台渠道进行推广，达到"涨粉"的目的。大鱼号站内吸粉主要有以下 3 种方法。

（1）设置关注语。运营者可以在自己的文章内容下方加入一些关注语，来提醒用户关注自己。

（2）设置欢迎语。欢迎语可以将自己的大鱼号为用户带来的价值呈现出来，有效引导潜在粉丝关注。

（3）系列化内容。运营者可以在大鱼号中创作连续性的系列文章或视频内容，类似电视连续剧中的第 1 集、第 2 集等，或者课程目录的入门篇、精通篇和高级篇等，吸引粉丝持续关注你的大鱼号。

5.3.2 活动推广，把握热点

大鱼号的后台经常会发布一些跟运营者创作内容相关的活动，主要分为以下 3 大类，如图 5-30 所示。

例如，在优酷《乡村爱情 12》热播时，大鱼号发布了相关的有奖征文活动，活动时间为 2020 年 1 月 16 日—2020 年 3 月 1 日。运营者可以登录大鱼号后台，在"活动约稿"页面中选择"优酷《乡村爱情 12》有奖征文"活动广场入口进行投稿，所有领域的大鱼号作者皆可参与，活动内容要求如图 5-31 所示。

图 5-30　大鱼号后台活动

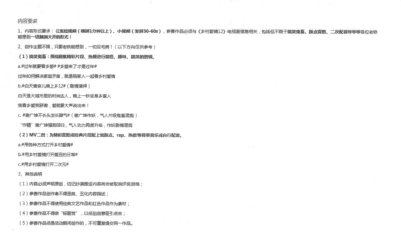

图 5-31　优酷《乡村爱情 12》活动的内容要求

运营者通过参与这些活动，不仅可以使自己的优质内容获得更多流量曝光，而且符合话题的优质原创内容还有机会获得现金奖励。例如，优酷《乡村爱情 12》活动中，一等奖可以获得 3000 元 / 人的奖金，要求单篇阅读量达到 10W+。除此之外，参与活动还可以增加运营者的曝光量，让运营者获得更多约稿机会。

运营者可以在大鱼号后台的通知信息、banner 和公告内容中查看热门活动信息，也可以关注平台独播剧和独播综艺节目，预测有可能成为热点的活动，并提前准备好内容素材，及早抓住热点，从而提高自己的大鱼号热度。

5.3.3　关注时事，盯住热点

除了紧跟大鱼号后台的相关热门活动来策划内容进行营销推广外，运营者还可以跳出大鱼号后台，去寻找更多的热点，具体包括以下 3 个途径，如图 5-32 所示。

运营者可以制作一个详细的热点活动日程表，在活动来临之前提前准备好文章或视频素材，快速抓住热度，让自己的作品快速升温，成为平台上的爆款，以及别人模仿创作的模本。

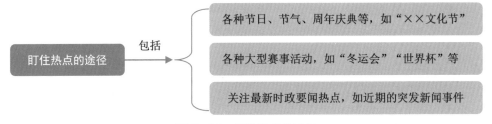

盯住热点的途径　包括

各种节日、节气、周年庆典等，如"××文化节"

各种大型赛事活动，如"冬运会""世界杯"等

关注最新时政要闻热点，如近期的突发新闻事件

图 5-32　盯住热点的途径

　　如果运营者抓不到热点，也可以从各种热搜榜中查找能够跟自己内容结合的热点。如图 5-33 所示，为优酷热搜榜，包括热门搜索、剧集、综艺、电影、动漫、少儿等内容榜单，运营者可以直接在优酷首页单击搜索框右侧的"热搜榜"按钮进入。

图 5-33　优酷热搜榜

　　另外，运营者也可以关注一些自己喜欢的活动，如足球、篮球、综艺节目等，从自己擅长的角度出发来创作内容，让内容自带流量属性。同时，运营者还需要及时关注各种自媒体平台的发展动向，在热点到来时能够快速做出反应，紧抓爆点，让自己的大鱼号得到更多曝光。

　　运营者在创作内容的时候，要有深度，不要总是浮于表面，将热点的内容简单地复述一次，这样并不能留住用户；而是要将热点内容或者话题进行拓展，加入自己的理解和观点，让内容更有吸引力，显得更加专业，从而留住用户。

第 6 章

头条号，获更多变现

**学前
提示**

　　头条号是今日头条旗下的自媒体平台，致力于为今日头条平台输出更多优质的内容，为用户提供更优质的服务。本章笔者就来讲解如何拥有并运营好头条号，希望能帮助大家获得更多的变现。

**要点
展示**

- 打造账号，助力运营
- 6 大形式，创作内容
- 引导流量，积累粉丝

6.1　打造账号，助力运营

　　今日头条是北京字节跳动科技有限公司于 2012 年开发的一款推荐引擎产品，它是基于个性化推荐的平台，向用户推荐的内容包括新闻、音乐、游戏、购物、小说等。而头条号作为今日头条旗下的新媒体平台，致力为今日头条平台输出更多、更优质的内容，把打造良好的内容生态平台作为重要的发展方向。

　　本节将为大家具体介绍头条号的注册登录、信息设置和账号认证等方面的相关知识点，希望能在头条号的运营方面给大家一定的帮助。

6.1.1　注册登录，随时随地

　　想入驻头条号的创作者们，可以直接利用手机号码快速注册登录头条号，其操作非常简单，下面介绍具体操作方法。

　　步骤 01　在手机上安装并打开今日头条 App，进入今日头条平台首页，点击 👤 按钮，如图 6-1 所示。

　　步骤 02　执行操作之后进入新的页面，点击该页面中的"登录"按钮，如图 6-2 所示。

图 6-1　点击👤按钮

图 6-2　点击"登录"按钮

　　步骤 03　进入登录页面，点击该页面的"抖音一键登录"按钮，如图 6-3 所示。运营者登录今日头条 App 时除了可以用抖音号登录外，还可以用手机号或者其他的方式登录，所以运营者可以根据自己的情况选择登录的方式，如图 6-4 所示。

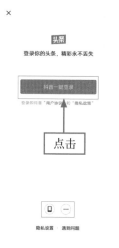

图 6-3 点击"抖音一键登录"按钮　　　**图 6-4 更多登录方式**

6.1.2 信息设置，言简意赅

关于头条号的账号信息设置，主要介绍名称、头像、简介的设置方法，因为操作比较简单，这里就不展开进行讲解了，具体的操作如下。

步骤 01 登录头条号之后，进入"我的"页面，点击"账号名称"栏，如图 6-5 所示。

步骤 02 执行操作之后，进入个人账号主页，点击"编辑资料"按钮，如图 6-6 所示。

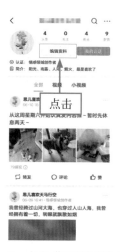

图 6-5 点击账号名称　　　**图 6-6 点击"编辑资料"按钮**

步骤03 进入"编辑资料"页面，账号的头像、名称、介绍都可以在这个页面进行设置或修改。首先介绍头像的设置，点击该页面中的"头像"栏，如图6-7所示。

步骤04 执行操作之后，会弹出一个新的页面，根据自己的情况选择设置头像的方式，一般来说选择"使用抖音头像"为佳，点击"使用抖音头像"按钮，头像就修改成功了，如图6-8所示。

图6-7 设置"头像"　　　图6-8 点击"使用抖音头像"按钮

步骤05 回到"编辑资料"页面，点击"用户名"栏，会弹出新的页面，输入自己的用户名；点击"确定"按钮即可设置成功，如图6-9所示。

步骤06 回到"编辑资料"页面，点击"介绍"栏，会弹出新的页面，输入对自己账号的介绍；点击"确定"按钮即可设置成功，如图6-10所示。

关于运营者如何为自己的头条号取名的问题，有3条建议供大家参考，具体如下。

（1）行业领域关键词。一个好的、吸睛的头条号名称，首先就应该有一个关键词来表示大的行业领域，或表示更专业的内容类别，这样才会让用户更容易搜索并精准地找到你。

（2）体现价值的词。在设置头条号名称时，运营者还应该从价值呈现出发来完成设置。

（3）品牌标签关键词。很多头条号名称都贴上了品牌标签，这样不仅可以提升用户的搜索概率，还有利于提升品牌的辨识度。另外，对于个人自媒体运营者来说，也可以直接用自己的名字作为头条号名称，这有利于打造个人IP。

图6-9　设置"用户名"

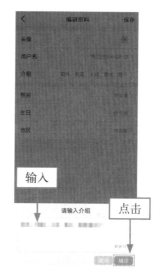

图6-10　设置"介绍"

6.1.3　账号认证，体现价值

前面介绍的是关于头条号注册和基础信息设置方面的内容，除了这些之外，如果运营者想要在更多方面参与到头条号的完善和发展中来，就有必要先完成账号认证，这是头条号开通提现、资质认证和部分功能权限的必要条件。在此就针对如何完成头条号账号认证进行介绍，帮助运营者打造更加优质的高权重账号。

头条号的账号认证一共有两个步骤，一是进行身份校验，二是进行账号认证。下面分别介绍具体的操作。

1. 身份校验

身份校验的具体操作如下。

步骤 01 进入头条号的个人账号主页，点击"申请认证"按钮，如图6-11所示。

步骤 02 进入"头条认证"页面，点击该页面中的"身份未校验"按钮，如图6-12所示。

步骤 03 进入"身份校验"页面，根据该页面的提示，上传自己的身份证照片，全部完成后点击"提交认证"按钮，如图6-13所示。

图 6-11　点击"申请认证"按钮

图 6-12　点击"身份未校验"按钮　　　**图 6-13　点击"提交认证"按钮**

步骤 04　执行操作之后，进入身份信息的确认页面，确认无误后，点击"确定"按钮，如图 6-14 所示。

步骤 05　进入"人脸检测"页面，点击"开始认证"按钮，如图 6-15 所示。然后根据屏幕上的提示进行摇头、点头、眨眼等一系列操作。

步骤 06　人脸检测成功之后，就会弹出一个新的页面，该页面会出现"认证成功"的字样，点击"确定"按钮，如图 6-16 所示。

2. 账号认证

头条号的账号认证有 3 种形式，即职业认证、兴趣认证和企业认证。这 3 种认证的流程差不多，运营者可以根据平台的认证提示一步步进行认证。这里以兴趣认证为例简单介绍一下认证的流程，具体操作如下。

步骤 01　进入"头条认证"页面，选择该页面中的"兴趣认证"选项，进入"兴趣认证"页面，浏览一下页面内容，然后点击"申请创作者"按钮，如图 6-17 所示。

步骤 02 执行操作之后，进入"选择兴趣领域"页面，可以看到该页面有很多的领域选项，运营者可以选择自己感兴趣的领域或者是比较擅长的领域，但是只可以选择一个，这里选择的是"情感"领域，如图 6-18 所示。

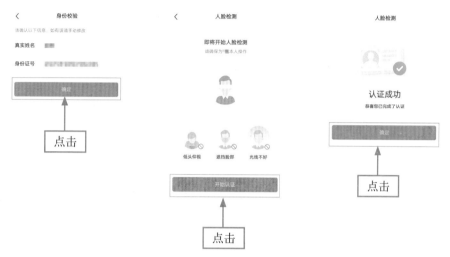

图 6-14　确认信息　　图 6-15　"人脸检测"页面　　图 6-16　显示认证成功

图 6-17　点击"申请创作者"按钮　　图 6-18　选择领域页面

步骤 03 选择领域之后会弹出一个新的页面，确定所选领域没有问题的话，就点击"确认申请"按钮，如图 6-19 所示。注意，认证有 30 天的考核期，领域确定之后，在考核期内是不可以修改的，所以运营者在选择的时候需要慎重考虑，一般来说，选择自己擅长的领域为佳。

步骤 04 执行操作之后，又会弹出一个新的页面，页面中会显示"已认证，进入考核期"文字内容，然后点击"好的"按钮，如图 6-20 所示。

图 6-19　点击"确认申请"按钮

图 6-20　点击"好的"按钮

步骤 05 执行操作之后，就会回到"头条认证"页面，可以看到在"兴趣认证"处会出现提示"请 30 天内完成任务，否则将取消认证"，所以运营者可以点击"去回答"按钮，到回答问题的页面选择所申请领域的 4 个问题进行回答，如图 6-21 所示。建议在编辑答案时可以增加一些相关的配图进行说明，让回答内容更加丰富和真实。完成之后，等待平台审核。

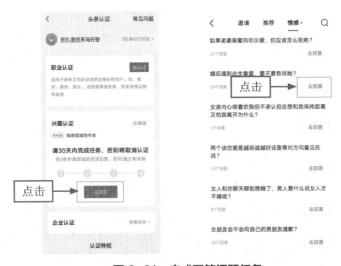

图 6-21　完成回答问题任务

6.2 6大形式，创作内容

头条号的内容形式几乎囊括了所有的自媒体内容形式，包括文章、微头条、图集、小视频、问答、音频、视频、视频合辑、直播以及专栏等。运营者可以选择一两种自己擅长的内容创作形式，深耕某个垂直领域，创作出既能迎合平台的规则，又能迎合用户喜好的爆款内容。

6.2.1 发布文章，规避违规

创作者最好是在电脑端进行文章内容的写作，因为在电脑上操作、排版比较方便，具体操作如下。

步骤 01 在电脑上登录头条号，进入头条号后台，在左侧导航栏中选择"发头条"选项，如图6-22所示。

图6-22 选择"发头条"选项

步骤 02 执行操作之后，进入文章内容创作页面，在该页面进行文章的写作和图片的排版，如图6-23所示。

图6-23 文章内容创作页面

步骤 03 设置完内容后，在下方还需要设置文章的展示封面、声明原创、发文特权、投放广告等选项，最后单击"发布"按钮进行内容的发布，如图6-24所示。

图6-24　单击"发布"按钮

俗话说"没有规矩，不成方圆"，其实，今日头条的内容推送也是如此，它是有着一定的规范的，不能任由账号管理者或者运营者随意操作，而且只有符合平台制定规范的内容，才能保证其质量并推广开来；而不符合规范的推送内容，是不能通过审核或被推荐的，甚至还可能因为严重违规而被封禁。

6.2.2　发微头条，加强互动

相对于其他内容产品而言，微头条的互动性明显更强，它可以随时随地把运营者身边发生的有趣新鲜事分享给用户，完成与他们的互动，而且这些分享是不占用头条号的正常发文篇数的。因此，运营者可以利用微头条产品功能来吸引粉丝关注，提升用户黏性，为成功打造爆款提供更好的粉丝基础。

进入头条号后台的内容创作页面，切换至"微头条"页面，在该页面上的文本框中输入微头条内容，单击＋按钮可以上传图片，编辑完成之后单击"发布"按钮，如图6-25所示。

在进行微头条内容运营时，运营者要注意和了解微头条的一些特点，这样才能有利于有效管理微头条。微头条的特点主要表现在以下5个方面。

（1）只有个人类型的头条号才具有微头条发布功能。

（2）发布微头条不会影响头条号文章的正常推荐。

（3）微头条目前还只能发布图文内容，不能直接发视频内容。

（4）微头条的阅读量不计入头条号累计阅读量。

（5）微头条下是不展示广告的，因而也不会有广告收益。

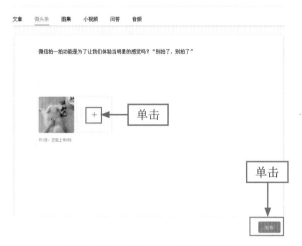

图 6-25 微头条内容发布页面

6.2.3 创作图集，简单快捷

在今日头条平台的图文内容产品中，除了图与文相结合的内容，还有一种由多张图片组成的图集内容。在制作图集内容时，图片作为推送内容的构成主体，是有一定质量和内容范围要求的，要注意不能发送有违规内容的图片或其本身明显不合格的图片，具体规则如下。

（1）gif 格式的动态图片。

（2）以手机屏幕截图为主的图片。

（3）画面不清晰、画质太差的图片。

（4）纯粹由搞笑类图片拼凑而成的图片。

（5）与图集的图说内容没有直接关系的图片。

（6）主体内容与星座和手相等有关的图片。

（7）图集中包含两张及以上相同内容的重复性图片。

（8）截取的残留电视台、视频网站标志的图片。

（9）除书法作品外，文字占据大半篇幅的图片。

（10）有单独二维码、链接和明确推广信息的图片。

（11）财经走势图、统计图、表格、琴谱、棋谱等类型图片。

如果运营者发布的图集中包括上面这些违规内容，是会受到平台处罚的，轻的将图集文章退回，重则将被禁言和封号。进入头条号后台的内容创作页面，切换至"图集"页面，其中提供了"发布图集"和"免费正版图集"两种方式，单击"添加图片"按钮，如图 6-26 所示。

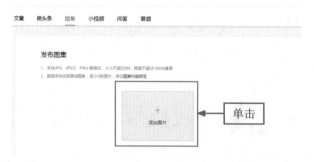

图6-26 单击"添加图片"按钮

执行操作后，弹出相应页面，在该页面中平台提供了4种图片选择方式，包括"上传图片""免费正版图片""国风图库"和"素材库"，如图6-27所示。

图6-27 选择图集图片的操作

选择好图片后，返回"图集"创作页面，对图集内容进行编辑，如设置标题和封面、添加图片、插入商品和设置广告投放方式等，如图6-28所示。单击"发布"按钮，即可发布图集。

图6-28 "图集"内容编辑页面

6.2.4　发小视频，便捷创作

"小视频"是头条号后台新增的内容形式，可以帮助运营者更加便捷地创作和管理小视频内容。

运营者如需发布小视频，可以进入"小视频"内容创作页面，单击"上传视频"按钮，上传30秒内的竖屏小视频，如图6-29所示。上传小视频素材后，运营者可以在下方添加视频描述内容，单击"发布"按钮即可，如图6-30所示。

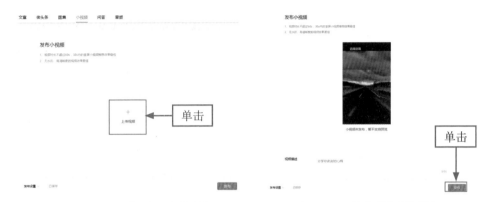

图 6-29　单击"上传视频"按钮　　　　图 6-30　单击"发布"按钮

另外，运营者可以直接使用今日头条 App 拍摄原创小视频。下面介绍一些拍摄小视频的技巧，帮助运营者更快地引流涨粉。

（1）拍摄有趣或有创意的生活画面。

（2）使用竖屏拍摄，让画面铺满整个手机屏幕，提升观看体验。

（3）小视频的内容要有主题，剧情逻辑清晰，同时拍摄时长要超过5秒。

（4）拍摄时保持手机镜头的稳定，保证画面足够清晰。

（5）使用适当的背景音乐、贴纸和特效，让视频内容变得更加精彩。

（6）选择一张有吸引力的封面图。

（7）积极参与平台推出的话题活动，增加视频内容的话题性，获得流量推荐。

（8）视频描述内容要简短精练，尽量控制在15字以内，同时突出小视频的重点内容。

运营者可以将自己的头条号跟抖音号、火山小视频账号绑定在一起，这样在这些渠道制作和发布短视频内容时，可以选择"发布的视频同步至今日头条 / 西瓜视频"选项，将其同步展示到头条号的"内容管理"页面中。

6.2.5　创作问答，检验能力

作为一个类似知乎这一问答社交平台的内容产品，悟空问答不仅在短时间内吸引了众多用户关注，更重要的是，即使你是普通用户，也有很多获利的机会。

相对于今日头条平台上的其他内容产品而言，悟空问答更具随机性，它不是头条号创作者基于某一观点或中心而有着一定时期准备的内容，这样更能检验头条号创作者的知识水平和处理问题、解决问题的能力。

同时，在今日头条平台上，头条号创作者不仅可以通过回答问题来分享自己的知识、经验和观念，还可以通过提出问题来解决生活和工作中遇到的问题。可见，悟空问答是一个促进双方理解和相互关注的内容产品。因此运营者运营好悟空问答也是发展自身头条号的重要工作，要多在这方面下功夫。

运营者如需发布问答内容，可以进入"问答"内容创作页面，可以看到系统推荐的一些问题，如图 6-31 所示。选择合适的问题后，单击"写回答"按钮，弹出"发表答案"页面，在此即可编辑答案内容，编辑好内容后，单击"发布"按钮即可，如图 6-32 所示。

图 6-31 "问答"页面　　　　　图 6-32 "发表答案"页面

作为一种全新的获取信息和激发讨论的内容形式，悟空问答给那些需要寻求答案和想要展示才华的用户提供了一个广阔的舞台。下面介绍打造爆款问答内容的几个关键点，从而帮助大家更好地去回答问题。

（1）擅长领域：选择问题的关键要素。如果运营者选择的不是自己擅长的领域，那么即使通过各种渠道找到了一些答案并进行了整合，那也只是一些比较表面化的理论内容，而不是自己切身的体验和经验，难以形成走心内容，也就无法打造爆款问答内容。

（2）热门回答：提升关注的选择要点。悟空问答中的"热门"，可以从两个方面来解读，一是问题本身与热门话题、事件、时间节点等相关；二是提出的问题下有热门回答内容。

（3）筛选问题："三要"与"四不要"。运营者在考虑有哪些问题可以选择的时候，还要考虑一下有哪些问题是应该避开不选的，这样才能更好地节省时间和精力。其中，"三要"包括有讨论价值的问题、缺乏优质回答的问题、擅长或熟悉的领域的问题；"四不要"包括只有唯一解答的问题、不再是热点的问题、具有攻击性的比较问题以及自己不熟悉的问题。

6.2.6　创建音频，不限题材

运营者可以在头条号后台发布不限制题材和场景的音频专辑内容，只要是可以用声音形式表达的内容，都可以创建为音频专辑。

运营者如需发布音频专辑内容，可以进入"音频"内容创作页面，设置相应的专辑名称、专辑详情、专辑封面、专辑分类以及预计更新章节等选项，单击"发布"按钮即可，如图 6-33 所示。

图 6-33　"音频"内容创作页面

头条号运营者执行操作后，即可进入音频专辑的审核流程。音频专辑通过平台审核后，运营者可以前往"章节管理"页面上传录制好的音频内容，平台审核通过后，即可发布音频。

另外，头条号运营者还可以进入"章节管理"页面，对音频专辑的章节进行移除、修改以及排序等操作。下面介绍一些发布音频专辑内容的注意事项，运营者在发布音频的时候需要注意一下。

（1）如果头条号运营者创作的是单篇的音频内容，就有机会在今日头条的信息流中获得单独曝光展示。因此头条号运营者在发布音频专辑的单篇音频内容时，可以为该篇音频单独取标题，尽量不要使用"第 ×× 章"或"第 ×× 期"等章节性明显的字眼。

（2）在设置音频的"作品简介"内容时，运营者一定要认真填写，这样可以为专辑带来更多关注。

（3）除了外文歌曲外，音频的标题和内容要尽量使用中文，给用户带来更好的收听体验。

（4）在编辑音频标题时，有一些内容是不能使用的，否则很难通过平台审核，如数字、繁体字、低俗字眼、非常规符号等。另外，标题的字数也要控制在 5 ~ 15 字，不要过短或过长。

（5）音频内容不能有背景杂音，音质必须清晰，否则会降低用户体验。

（6）音频内容要有版权，必须为头条号运营者自己的原创内容，或者获得相关权利人的授权。

6.3 引导流量，积累粉丝

在今日头条平台上，运营者可以利用的内容产品和功能是多样化的，而这些内容和功能是实现为头条号引导流量的有力武器。本节就从 3 大形式和功能出发，来介绍如何利用内容和功能为头条号涨粉。

6.3.1 视频内容，快速涨粉

短视频内容作为今日头条平台一种重要的内容形式，能够实现快速引流的目的。且相较于软文内容而言，短视频带给用户的视觉冲击力更大。当然，对短视频内容而言，其标题与封面在引流方面的重要性不言而喻。其实，除了它们之外，想要更多地培养忠诚用户，视频内容的优质明显更重要。

打个比方，如果运营者推送的是一个有关现场表演书法的视频，相对于图文内容来说，它比文字的阐述明显更直观，比图片更具真实性。因此，只要视频内容中展现的书法确实好，那么是很容易让用户心动进而关注的。

当然，只要视频中的内容有价值，或是有意思，或是有实用性，就能够吸引到其他用户并且获得他们的关注。另外，在视频内容中存在正义点或"槽点"时，用户是乐于与头条号互动的；或者推送视频时在评论中加入评论引导，如"大家有什么关于 XX 方面的问题或观点，可以联系 XX 一起交流"，这些都是吸引用户关注的有效方法。

6.3.2 头条动态，稳定涨粉

在今日头条平台上，通过 PC 端进入一个头条号主页，会发现该页面的账号下方显示了 3 类内容，即文章、视频和微头条。头条号发布的微头条内容会根据用户偏好推送到你打开的头条平台首页，如果用户对头条内容感兴趣的话，会进一步点击右上角的"关注"按钮，成为头条号运营者的粉丝。

头条与微信朋友圈中的动态非常类似，其内容篇幅都是非常简短的，在"头

条"页面用户无须点击即可阅读。因此，运营者只需要用几句话或几张图片就能吸引读者的注意力和好奇心，或者能获取读者的认同。

在引流方面，头条除了利用优质的短内容来实现引流目标外，更重要的是，对一些新创建的头条号而言，由于还处于体验期，其所推送的图文内容并不能被推荐给关注用户以外的读者。因此，要想引流，除了主动邀请之外，通过头条来引流是最佳且最有效的方式，这主要表现在以下两个方面。

（1）头条内容简短，编辑起来自然也很简单。因此，头条号运营者在头条内容中分享一些精辟的、干货式的知识点，在有价值的内容的支撑下，很容易提升头条号的粉丝量。

（2）发头条的操作非常简单，而且可以在其中加入一些软文性的引流话术，这样不仅不会影响平台推荐，而且还能轻松实现引流。当然，这种引导语可以用多种形式发布，如可以凭借优质的内容来直接引导，也可以进行内容预告来引导关注，在笔者看来，这些都是切实可行的引流方法。

运营者转发自己已经发布过的图文内容或视频内容的具体方法如下。

步骤 01　登录今日头条 App，进入"我的"页面，点击该页面中的"创作中心"按钮，如图 6-34 所示。

步骤 02　进入"创作中心"页面之后，选择自己要转发到头条的内容，点击该内容右边的 ··· 按钮，如图 6-35 所示。

图 6-34　点击"创作中心"按钮　　　　图 6-35　点击 ··· 按钮

步骤 03　执行操作之后，会弹出新的页面，点击该页面中的"分享"按钮，如图 6-36 所示。

步骤 ④ 执行操作之后，又会弹出一个新的页面，点击"转发到头条"按钮，如图 6-37 所示；然后进入"发布"页面，编辑好文字之后，点击"发布"按钮，如图 6-38 所示。

  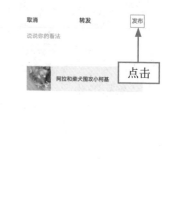

图6-36 点击"分享"按钮　图6-37 点击"转发到头条"按钮　图6-38 "发布"页面

6.3.3 发起抽奖，提升黏性

今日头条平台推出了"发起抽奖"功能，帮助运营者增加内容传播的渠道，产生更好的涨粉效果。申请开通发起抽奖功能必须满足一定的账号等级要求，目前只有达到"金 V"或"黄 V"等级的头条号才能申请。

符合条件的头条号运营者可以在今日头条手机端头条抽奖平台进行"发起抽奖"的申请，客服收到申请后，将会对运营者进行审核，时间为 3 个工作日，具体操作如下。

步骤 ① 登录今日头条 App，进入"我的"页面，点击该页面中的"钱包"按钮，如图 6-39 所示。

步骤 ② 进入"我的钱包"页面之后，找到"全民抽奖"图标并点击，如图 6-40 所示。

步骤 ③ 进入"全民抽奖"页面，点击页面下方的"发起抽奖"按钮，如图 6-41 所示。

步骤 ④ 执行操作之后，进入"发起抽奖"页面，按照平台要求正确填写信息，完成之后点击"发起抽奖"按钮，如图 6-42 所示。

"转发抽奖"功能不仅可以帮助头条号运营者迅速扩大内容推广面，实现更快涨粉的目标，同时还能增强与用户之间的互动，提升粉丝黏性和信任度，为后续的变现赢得更多的可能。

图 6-39　点击"钱包"按钮

图 6-40　点击"全民抽奖"按钮

图 6-41　点击"发起抽奖"按钮

图 6-42　"发起抽奖"页面

第 7 章

抖音号，受商家青睐

学前提示

刷短视频已经成为人们打发时间的重要娱乐休闲方式。短视频领域的巨大红利受到更多商家的青睐，越来越多的企业和品牌将自己的目光转移到了短视频领域。而抖音作为短视频界的"扛把子"，流量红利自然不少，所以本章主要来讲讲抖音。

要点展示

- 专属账号，信息设置
- 内容制作，助力运营
- 抓住关键，打造爆款
- 账号增粉，实现变现

7.1 专属账号，信息设置

本节要介绍的是抖音号的登录和信息设置问题，因为抖音不像其他的平台有复杂的注册登录流程，所以注册登录只是简单地介绍一下，把重点放在信息设置的介绍上。

7.1.1 账号登录，简单直接

抖音无须进行复杂的账号注册操作，运营者只需用手机号或微信等账号直接登录即可。具体来说，可以通过如下操作登录抖音短视频平台。

步骤 01 进入抖音短视频 App 之后，点击"推荐"页面中的"我"按钮，如图 7-1 所示。

步骤 02 操作完成后，进入账号登录页面，如图 7-2 所示。可以点击"本机号码一键登录"按钮，用手机号登录抖音。除了手机号码登录之外，还可以通过其他方式登录抖音号，如图 7-3 所示。

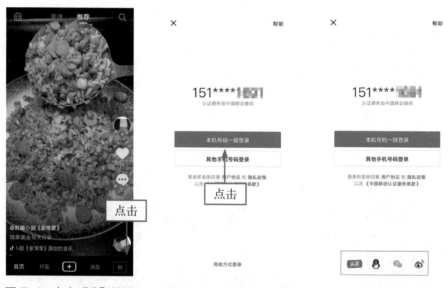

图 7-1 点击"我"按钮　　图 7-2 账号登录页面　　图 7-3 其他方式登录

7.1.2 修改名字，突出特点

抖音的昵称（即抖音账号名字）需要有特点，而且最好和账号定位相关。抖音修改名字也非常方便，具体操作步骤如下。

步骤 01 登录抖音短视频 App，进入平台"推荐"页面，点击下方的"我"按钮，如图 7-4 所示。

步骤 02　进入"我"页面之后，点击该页面中的"编辑资料"按钮，如图 7-5 所示。

图 7-4　点击"我"按钮

图 7-5　点击"编辑资料"按钮

步骤 03　进入"编辑资料"页面之后，点击该页面中的"名字"按钮，如图 7-6 所示。

步骤 04　执行操作之后，进入"修改名字"页面，根据自己的情况输入名字，然后点击"保存"按钮，如图 7-7 所示。

图 7-6　点击"名字"按钮

图 7-7　"修改名字"页面

在设置抖音名字时有两个基本的技巧，具体如下。

（1）名字不能太长，太长的话用户不容易记忆，通常为 3~5 字即可。

（2）最好能体现人设感，即看见名字就能联系到人设。人设是指人物设定，包括姓名、年龄、身高等人物的基本设定，以及企业、职位和成就等背景设定。

7.1.3 替换头像，展现魅力

抖音账号的头像也需要有特点，必须展现个人最有魅力的一面，或者展现企业的良好形象。抖音账号的头像设置主要有两种方式，具体如下。

1. "我"页面修改

在抖音"我"页面中，用户可以通过如下步骤修改头像。

步骤 01 登录抖音短视频 App 并进入"我"页面，点击该页面的"头像"按钮，如图 7-8 所示。

步骤 02 执行操作之后，弹出一个新页面，点击"从相册选择"按钮，如图 7-9 所示。

图 7-8 点击"头像"按钮

图 7-9 点击"从相册选择"按钮

步骤 03 进入本地相册之后，根据自己的需求选择合适的图片；点击"确认"按钮，如图 7-10 所示。

步骤 04 上述操作完成之后，进入"裁剪"页面，对图片进行适当的裁剪，然后点击"完成"按钮，如图 7-11 所示。

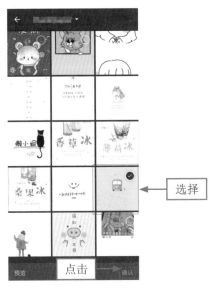

选择

点击

图 7-10 选择图片

点击

图 7-11 "裁剪"页面

2. "编辑资料"页面修改

在"编辑资料"页面中，用户只需点击"头像"按钮，然后点击"从相册选择"按钮，如图 7-12 所示。后面的步骤就与在"我"页面修改头像是一样的，这里就不再复述了。

点击

点击

图 7-12 在"编辑资料"页面修改头像

在设置抖音头像时有 3 个基本的技巧，具体如下。

（1）头像一定要清晰。

（2）个人人设账号一般使用运营者肖像作为头像。

（3）团体人设账号可以使用代表人物形象作为头像，或者使用公司名称、Logo 等。

7.1.4　填写简介，清晰明了

抖音的账号简介通常是简单明了的，主要原则是"描述账号 + 引导关注"，基本设置技巧如下。

（1）前半句描述账号特点或功能，后半句引导关注，一定要明确出现关键词"关注"。

（2）账号简介可以用多行文字，但一定要在多行文字的视觉中心出现"关注"两个字。

（3）用户可以在简介中巧妙引导加微信等，如图 7-13 所示。

图 7-13　巧妙引导加微信

7.1.5　更换头图，用心运营

账号头图就是抖音主页界面最上方的图片。部分抖音运营者认为头图设不设置无所谓。其实不然。如图 7-14 所示，为一个没有设置头图的抖音号主页。看到这张图片之后你有什么感觉呢？笔者的感觉是，这个主页好像缺了什么东西。而且运营者连头图也不设置，像是没怎么用心运营。

其实，即便是随意换一张图片，感觉也会比直接用抖音号的默认图片好得多。

不仅如此，头图本身也是一个很好的宣传场所。

例如，我们可以设置带有引导关注类文字的头图，提高账号的吸粉能力，如图 7-15 所示。

图 7-14　只有抖音默认头图的抖音号

图 7-15　通过头图引导关注

另外，抖音运营者还可以在头图中展示自身的业务范围，让抖音用户一看就知道你是做什么的。这样当抖音用户有相关需求时，便会将你作为重要的选择项。如图 7-16 所示，为某抖音号利用头图吸引客户。

图 7-16　利用头图吸引客户

那么，如何更换抖音头图呢？下面就来介绍具体的操作步骤。

步骤 01　进入抖音短视频 App 的"我"页面，点击页面上方头图所在的位置，如图 7-17 所示。

步骤 02　进入头图展示页面，点击页面下方的"更换"按钮，如图 7-18 所示。

图 7-17　点击头图所在的位置

图 7-18　点击"更换"按钮

步骤 03　弹出新的页面，点击该页面中的"从相册选择"按钮，如图 7-19 所示。

步骤 04　执行操作之后，进入本地相册，选择需要作为头图的图片；点击"确认"按钮，如图 7-20 所示。

图 7-19　点击"从相册选择"按钮

图 7-20　选择作为头图的图片

步骤 05　进入"裁剪"页面之后，对图片进行相应的剪裁。完成后，点击下方的"完成"按钮，如图 7-21 所示。

步骤 06　上述操作全部完成之后，就会跳转回"我"页面，这时头图已经更换成最新的头图了，如图 7-22 所示。

图 7-21　"裁剪"页面

图 7-22　头图修改成功

7.1.6　其他信息，提高吸引

除了名字、头像、简介和头图之外，抖音账号运营者还可以对学校、性别、生日和地区等账号信息进行设置。这些资料只需进入"编辑资料"页面便可以直接进行修改，如图 7-23 所示。

图 7-23　修改其他信息

在这 4 类账号信息中，学校和地区相对来说要重要一些。学校的设置，特别是与账号定位一致的学校信息设置，能让抖音用户觉得账号运营者更加专业，从而提高账号内容对抖音用户的吸引力。而地区的设置，则能更好地吸引同城抖音用户的关注，从而提高账号运营者旗下实体店的流量。

7.2　内容制作，助力运营

作为一个音乐短视频平台，音乐是构成视频内容的重要方面。利用平台上各式各样的音乐，抖音号运营者可以通过 3 种方式来进行内容的制作，即拍摄同款、选择音乐、搬运视频，下面一一进行介绍。

7.2.1　拍摄同款，自带流量

用户在浏览抖音平台视频内容时，有时看到感兴趣的内容，就可以通过"拍摄同款"的方法来拍摄具有相同背景音乐的视频。在此就其具体的操作方法进行介绍，步骤如下。

步骤 01　进入"抖音短视频平台"App 首页，选择感兴趣的视频，点击右下角的 按钮，如图 7-24 所示。

步骤 02　在进入新弹出的页面之后，点击该页面下方的"拍同款"按钮，如图 7-25 所示。

图 7-24　点击 按钮

图 7-25　点击"拍同款"按钮

步骤 03　执行操作之后，进入视频拍摄页面，点击下方的拍摄按钮；拍摄

完成之后点击  按钮，如图 7-26 所示。

步骤 ⑭ 进入编辑视频页面，根据自己的需求和喜好为短视频增加亮点，编辑完成之后，点击"下一步"按钮，如图 7-27 所示。

步骤 ⑮ 执行操作之后，进入视频发布页面，按照要求输入信息，完成之后点击"发布"按钮，如图 7-28 所示。

图 7-26 拍摄短视频页面

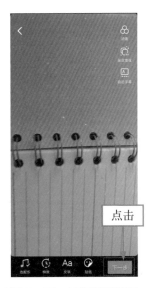

图 7-27 编辑视频页面

图 7-28 视频发布页面

7.2.2 选择音乐，增加推荐

用户在抖音上拍摄视频时，还可以根据需要选择平台提供的背景音乐进行拍摄，尤其是选择那些热门的音乐，这样短视频能获得更多平台推荐，吸引更多的用户观看。在此介绍选择音乐拍摄的步骤，内容如下。

步骤 ⑴ 进入抖音短视频 App 首页之后，点击页面下方的  按钮，如图 7-29 所示。

步骤 ⑵ 进入视频拍摄页面，点击该页面上方的"选择音乐"按钮，如图 7-30 所示。

步骤 ⑶ 执行操作之后，进入"选择音乐"页面，从该页面进入"歌单分类"页面，然后选择合适的音乐，如图 7-31 所示。

图 7-29　点击 ⊕ 按钮

图 7-30　点击"选择音乐"按钮

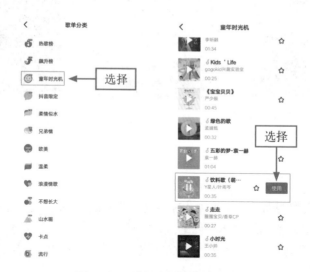

图 7-31　选择合适的背景音乐

步骤 04　执行操作后，即可进入拍摄视频页面，然后可以按照上一小节"拍摄同款"中的步骤 3 ～ 5 完成视频拍摄、编辑和发布。

7.2.3　视频创作，获取素材

关于视频内容的创作和素材的获取，是很多视频运营者感到迷茫的地方。在此介绍 3 种获取视频素材的途径，具体如下。

1. 搬运短视频 App 内容

短视频内容是新媒体领域中的重要内容形式之一，随着短视频平台和关注用户的增多，各个短视频 App 上的内容可以说是种类繁多，并涉及了生活和工作中的各个方面，基本可以满足不同兴趣爱好的用户的需求。而这些 App 上的短视频，是完全可以搬运过来作为视频素材的，当然，这样的视频是不能称之为原创的，但视频素材选择得好，还是可以起到吸粉引流作用的。

2. 来源于经典电影片段

自从电影诞生以来，出现了众多的经典影片，其中必然有你喜欢的，且在看到影片中的某一片段时，还会有自身的一些感悟和观点。这些自身的感悟和观点，都是可以作为短视频素材来源内容的，把它们录制下来，再加上经典影片片段，就很容易打造一个受人喜欢而又是原创的短视频了。

3. 自身实践拍摄视频

除了上述两种方法可以获得视频素材外，还可以通过自身拍摄视频来完成获取素材这一视频制作的准备工作。当然，如果运营者想进行自身实践拍摄视频，那么就需要在拍摄技能和视频处理水平上很精通，这样才能保证发布出来的短视频内容是优质的，进而获得更多人的喜欢和点赞。

7.3　抓住关键，打造爆款

运营者想要自己的抖音号获得更多用户的关注，就应该有拿得出手的爆款短视频，那么运营者要如何才能制作出爆款的短视频呢？这里总结了 3 个要点，运营者在策划和制作视频的过程中可以参考一下。

7.3.1　"惊"到人，增加点击

俗话说："物以稀为贵。"同样，在短视频领域，那些能让人一瞬间感到吃惊的视频，总是会吸引更多人点击播放。既然有"惊"，就表示视频内容已经在某一点上触动了用户，从而会想去探索和了解，进而发生点赞、评论和转发等行为也就顺理成章了。那么，什么样的内容会让人吃惊呢？一般说来，主要有 4 种情况。

（1）发布的视频内容是其他抖音号没有的或是少见的，这样的内容一般会因为比较新颖而"惊"到人。

（2）与"新"相似的还有"奇"，也就是说如果内容能让人实实在在产生意外感，那么也能"惊"到人。

（3）搞笑类的视频内容一般也是能"惊"到人的，其原因就在于内容的有

趣性，能触动人发笑和让人愉悦。

（4）人是情感动物，一些与温暖相关的东西，如一个温暖的画面、一句温情的话语，都是能感动人的。

7.3.2 "颜"动人，增加播放

关于"颜值"的话题，从古至今，有众多与之相关的词，如沉鱼落雁、闭月羞花、倾国倾城等，除了表示其漂亮外，还附加了一些漂亮所引发的效果。可见，颜值高，还是有着一定影响力的，有时甚至会起决定作用。

这一现象同样适用于爆款短视频打造。当然，这里的颜值并不仅仅是指人，它还包括好看的事物、美景等。从人的方面来说，先化一个精致的妆容再进行拍摄，更是轻松提升颜值的便捷方法。从事物、美景等方面来说，是完全可以通过其本身的美再加上高深的摄影技术来实现的，如精妙的画面布局、构图和特效等，就可以打造一个高推荐量、高播放量的短视频。

7.3.3 "萌"翻人，一秒吸睛

在互联网中，"萌"作为一个特定形象，奠定了其在用户心中重要的审美地位，同时也得到了很多用户的喜欢，无论男女老少，都有其忠实粉丝。更不要说在短视频这一碎片化的视频内容中，瞬间的"萌态"和具有"萌态"的事物是能一秒吸睛的，"唯萌不破"说的就是如此了。

特别是在抖音平台上，以"萌"制胜的视频类型和内容不可谓不多。总的说来，包括两种，如图 7-32 所示。

抖音"萌"翻人的视频内容

可爱的萌娃萌妹，是众多妈妈发布视频时所要展示的骄傲，他们随便的一句话、一个动作、一个笑颜，都能融化众多用户的心

毛茸茸的小猫、小狗等，也是众多用户喜爱的，它们能在很大程度上保证获得高流量，特别是在选取的卖萌场景和角度足够好的情况下

图 7-32 常见的抖音"萌"翻人的视频内容类型介绍

当然，无论是哪一个要点，要想打造爆款，都有一个基本点，那就是视频要有用，或是能让人感到愉悦，或是能让人感动，或是能带给人启发等。

7.4　账号增粉，实现变现

互联网变现的公式是：流量＝金钱。因此只要你有了流量，变现就不再是难题。而如今的抖音，就是一个坐拥庞大流量的平台。账号运营者只要运用一些小技巧，就可以吸引到相当大的一部分流量，有了流量，就可以帮你更快做好各种项目，最终实现变现。

7.4.1　视频引流，优质高效

抖音引流有一些基本的技巧，掌握这些技巧之后，账号运营者的引流推广效果将变得事半功倍。所以，本节就来对这 3 种抖音的基本引流技巧分别进行解读，希望能给大家一些建议。

1. 根据账号定位发布原创视频

其实，视频的原创性不仅是上热门的一个基本要求，而且它也能起到不错的引流作用。这一点很好理解，毕竟大多数抖音用户刷抖音就是希望能看到新奇有趣的内容，如果你的视频都是照搬他人的，抖音用户在此之前都已经看过几遍了，那么，抖音用户可能只看几秒就不看了。

在这种情况下，短视频获得的流量又怎么可能会很高呢？当然，除了内容的原创性之外，发布的短视频还应该满足一个要求，那就是与账号的定位一致，发布垂直领域的内容除了能吸引用户的持续关注之外，其吸引的用户也会更加精准，更加有利于后期的变现。

2. 根据目标用户发布有趣内容

抖音用户为什么要关注你，成为你的粉丝？笔者认为除了账号中相关人员的个人魅力之外，另外一个很重要的原因就是抖音用户可以从你的账号中获得他们感兴趣的内容。当然，部分粉丝关注你的账号之后，可能会时不时地查看账号内的内容。如果你的账号很久都不更新内容，部分粉丝可能会因为看不到新的内容、账号内的内容对他的价值越来越低而选择取消关注。

因此，对于抖音电商运营者来说，定期发送用户感兴趣的内容非常关键。这不仅可以增强粉丝的黏性，还能吸引更多抖音用户成为你的粉丝。

3. 抛出诱饵吸引用户目光

人都是趋利的，当看到对自己有益处的东西时，人们往往都会表现出极大的兴趣。抖音电商运营者可以借助这一点，通过抛出一定的诱饵来达到吸引目标受众目光的目的。或者说运营者通过优惠的价格向目标受众抛出诱饵的方式，来达到引流推广的目的。

7.4.2 直播引流，直接有效

直播对于抖音运营者来说意义重大，一方面，抖音运营者可以通过直播销售商品，获得收益；另一方面，直播也是一种有效的引流方式。只要抖音用户在直播的过程中点击"关注"，抖音用户便会自动成为抖音账号的粉丝。

在某个直播中，抖音用户只需点击界面左上方账号名称和头像所在的位置，界面中便会弹出一个账号详情对话框。如果抖音用户点击对话框中的"关注"按钮，原来"关注"按钮所在的位置将显示"已关注"。

除此之外，抖音用户在直播界面中还有一种更方便的关注方法，那就是直接点击直播界面左上方的"关注"按钮。

7.4.3 私信引流，专属流量

抖音支持"发信息"功能，一些粉丝可能会通过该功能给运营者发信息，运营者可以时不时看一下并且回复一下粉丝。运营者在回复粉丝的过程中，可以利用回复的消息来进行引流，有需要的甚至可以直接引导抖音用户加微信号、关注微信公众号等，将抖音用户变成你的私域流量。如图 7-33 所示，为某抖音号运营者回复他的粉丝发送的私信。

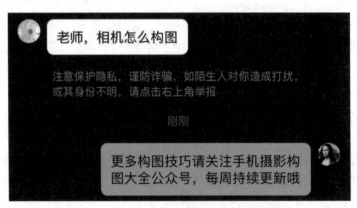

图 7-33　利用抖音私信消息引流

第 8 章

快手号，又一流量池

**学前
提示**　　其实快手在很多方面与抖音相似，但是它也有自身
的特点，作为短视频领域的另一个流量巨头，运营者在
运营快手号的过程中也应该采用一定的方法。

**要点
展示**

- 注册登录，设置信息
- 内容制作，打造爆款
- 内部增粉，获得流量

8.1 注册登录，设置信息

运营者想要做快手运营，首先得注册一个快手账号，并对账号的信息进行设置，打上自己的标签，这样才能吸引更多的快手用户来关注你的快手号。没有好的"门面"，会给人并没有认真运营的感觉，别人也就没有想要关注你的想法。本节就来对快手号的登录和信息设置的相关内容进行简单的介绍。

8.1.1 登录账号，无须注册

快手与抖音一样无须进行相关的注册操作，只需用手机号或者是相关平台的账号，即可登录快手。那么，具体如何登录快手号呢？接下来就对相关操作进行解读。

步骤 01 进入快手短视频 App 首页后，点击该页面中的"登录"按钮，如图 8-1 所示。

步骤 02 执行操作之后，进入账号的登录页面，输入手机号，点击"下一步"按钮，如图 8-2 所示。

步骤 03 执行操作之后，快手平台会给该号码发送验证码，输入验证码；点击"确定"按钮，如图 8-3 所示。

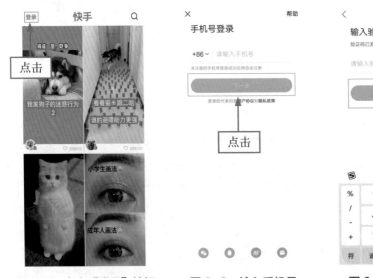

图 8-1 点击"登录"按钮　　图 8-2 输入手机号　　图 8-3 输入验证码

8.1.2 设置头像，打造形象

头像是快手号的门面，许多快手用户看一个快手号时，首先注意的通常也是账号的头像。一个精彩有吸引力的头像，可以吸引用户关注你的账号，因此，头像的设置就显得尤为关键了。

通常来说，快手运营者可以根据自己需要达到的目的来设置快手号的头像。也就是说，如果快手运营者的运营重点是打造自身形象，可以将个人形象照设置为快手头像；如果快手运营者所运营的快手号是以销售产品为主，可以将产品图片设置为快手头像。

那么，在快手短视频平台中要如何进行头像的设置呢？下面就对具体的操作步骤进行说明。

步骤 01 登录快手短视频平台，进入"发现"页面，点击该页面中的 ≡ 按钮，如图 8-4 所示。

步骤 02 在弹出的新页面上点击账号名称或者头像，如图 8-5 所示。

图 8-4 点击 ≡ 按钮   图 8-5 点击账号名称或头像

步骤 03 进入自己的账号主页之后，点击该页面中的"完善资料"按钮，如图 8-6 所示。

步骤 04 进入"编辑资料"页面之后，点击该页面中的"头像"按钮，如图 8-7 所示。

图 8-6 点击"完善资料"按钮

图 8-7 点击"头像"按钮

步骤 05 进入"个人头像"页面之后，点击该页面下方的"更换头像"按钮，如图 8-8 所示。

步骤 06 执行操作之后会弹出一个新的页面，点击"从相册选取"按钮，如图 8-9 所示。

图 8-8 点击"更换头像"按钮

图 8-9 点击"从相册选取"按钮

步骤 07 进入本地相册选择自己事先准备好的头像，如图 8-10 所示。然后进入"照片预览"页面，没有问题就点击▇按钮，如图 8-11 所示。

图 8-10　在本地相册选择图片　　　　图 8-11　"照片预览"页面

8.1.3　设置昵称，注意限制

和头像相同，快手号的昵称也可以在"编辑资料"页面中进行设置。点击该页面中的"昵称"一栏，如图 8-12 所示，进入"昵称"页面。在该页面中输入需要设置的昵称，然后点击上方的"完成"按钮，如图 8-13 所示。如果返回快手号主页，且昵称变为了刚刚输入的内容，便说明昵称设置成功了。

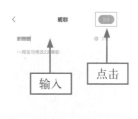

图 8-12　点击"昵称"按钮　　　　图 8-13　修改昵称

在设置快手号昵称时，需要特别注意如下两点。

（1）账号设置对字数有限制，不能超过 12 字；

（2）可以将账号的业务范围等重要信息设置为账号昵称，这样，快手用户一看就知道你是做什么的，如果对你的业务有需求，快手用户便会直接关注你的账号。

8.1.4 用户 ID，唯一凭证

快手运营者可以在"编辑资料"页面中将用户 ID 设置为快手号，具体操作如下。

步骤 01 点击"编辑资料"页面中的"用户 ID"一栏，如图 8-14 所示。

图 8-14 点击"用户 ID"一栏

步骤 02 执行操作之后，进入"快手号"页面，输入准备好的快手号，然后点击"完成"按钮，如图 8-15 所示。

步骤 03 执行操作之后，会弹出一个新的页面，点击该页面中的"确定"按钮，如图 8-16 所示，这样快手号就设置成功了。有一点需要注意，快手号是账号的唯一凭证，只能设置一次，所以设置的时候要慎重。

图 8-15 修改快手号　　　　　　**图 8-16 点击"确定"按钮**

除了头像、昵称和快手号的设置之外，快手号运营者还可以在"编辑资料"页面中填写性别、生日 / 星座、所在地和个人介绍等个人资料。这些资料填写完之后，将在快手昵称下方进行显示。性别、生日 / 星座和所在地，快手运营者只需根据自身实际情况进行填写即可。而个人介绍则可以填写自身业务、订单查询和联系方式等重点内容。如图 8-17 所示，为某快手号所写的简介。

图 8-17　某快手号所写的简介

8.1.5　封面图片，展示账号

与头像、昵称和快手号等内容不同，运营者想要更换快手封面图片，只需轻触快手主页上方的封面位置即可进行操作，具体如下。

步骤 01　首先进入自己的快手账号主页，轻触该页面上方的部位，如图 8-18 所示。

步骤 02　在弹出的页面上点击"从相册选取"按钮，如图 8-19 所示。

图 8-18　轻触页面上方位置

图 8-19　点击"从相册选取"按钮

步骤 03 进入本地相册之后，选择自己事先准备好的封面图片，进入"照片预览"页面，确认无误之后，点击 ✓ 按钮，如图 8-20 所示。

图 8-20　选择并剪辑图片

8.2　内容制作，打造爆款

用户可以在快手上发布自己原创的有趣的视频与其他用户分享，只要你的视频有意思，就能吸引更多关注。快手与其他社交平台相比，因更加"接地气"，受到广大用户的青睐和一如既往的支持，其对草根阶层的深耕值得其他平台学习。

8.2.1　选择题材，抓住用户

发布快手视频，首先需要确定一个好的题材，这是打造爆款视频内容的重要基础。如果运营者不结合用户的需求确定选题，而只是纯粹地创造视频，那么即使这个视频中表现出来的画面再完美，也不一定能成为内容爆款。因此对于运营者而言，视频的选题很重要。而要做好视频选题方面的工作，就需要从两个方面加以努力，具体如下。

1. 创建选题库，积累选题

快手视频平台追求推送原创内容，而要想拥有源源不断的原创内容，那么平时的积累非常重要。特别是视频内容，它是基于一定现实场景而制作的。因此，需要运营者在平时的工作和生活中收集选题和素材，并时刻为接下来的视频内容做准备，具体策略如图 8-21 所示。

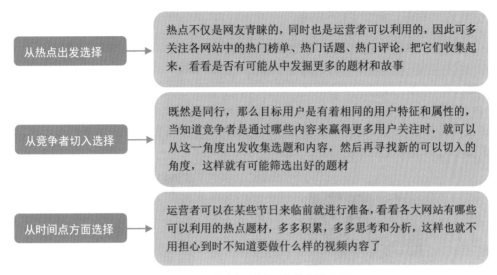

图 8-21　建立视频选题库的方法介绍

2. 基于两个方面筛选选题

基于平时积累的选题库中的众多选题，运营者接下来要做的是进行选题筛选，选择一个最有可能打造爆款内容的选题。在选择时，运营者还需要对两个方面进行考虑，一是根据用户可能的心理确定内容方向，二是判断该内容方向的选题是否可行。

首先从内容方向上来说，要求运营者根据用户的心理需求来安排内容：选择什么内容和选择以何种方式表达内容。其次从选题可行性方面来说，运营者需要对完成视频选题的 4 个方面作出判断，如图 8-22 所示。

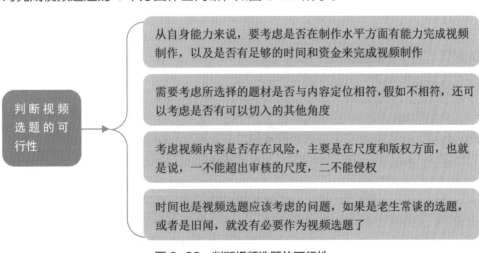

图 8-22　判断视频选题的可行性

8.2.2　视频制作，流程简单

下面将详细介绍在快手平台上发布短视频的方法。

步骤 ⑪ 登录快手短视频 App，进入"发现"页面，点击该页面中的 ⊡ 按钮，如图 8-23 所示。

步骤 ⑫ 进入拍摄页面，点击该页面中的"拍摄"按钮，如图 8-24 所示。该页面有拍摄的辅助功能，运营者在拍摄的时候为了得到更好的拍摄效果，可以根据自己的情况使用辅助功能。

图 8-23　点击 ⊡ 按钮

图 8-24　视频拍摄页面

步骤 ⑬ 拍摄完成之后，进入视频编辑页面，对视频进行后期处理。处理完成之后，点击"封面"按钮，如图 8-25 所示；进入封面选取页面，选择合适的封面，然后点击 ✔ 按钮，如图 8-26 所示。

步骤 ⑭ 回到"视频编辑"页面，点击"下一步"按钮，进入"发布"页面，输入信息，完成后点击"发布"按钮，如图 8-27 所示。

众所周知，在快手短视频平台上，要想获得更多流量和利益，那么提高视频的火热度，让大家给予赞赏是最直接的办法。然而要想成为爆款视频，其内容的打造非常关键。而在决定视频内容是否能成为爆款的问题上，一个好的标题和封面是其中的重要支撑。

首先来介绍封面的设置。在笔者看来，快手短视频的封面设置可从 3 个方面去思考，或是画面最美，或是最奇葩，还可以是能引人争议的封面；像这样的封面，一般能吸引人去点击播放你的短视频。如图 8-28 所示，为快手 App 上一些短视频的封面展示。

图 8-25 视频编辑页面

图 8-26 选择封面

图 8-27 视频发布页面

图 8-28 快手平台上的视频封面展示

  而关于视频的标题设置，新媒体平台的运营有很多关于文章标题设置的方法，这些都是可以应用在快手视频内容的标题上的。同时，在设置视频标题时，还应该注意根据内容类型的不同而分别添加关键字，这样的做法在快手视频平台上比较常见，举例介绍如图 8-29 所示。

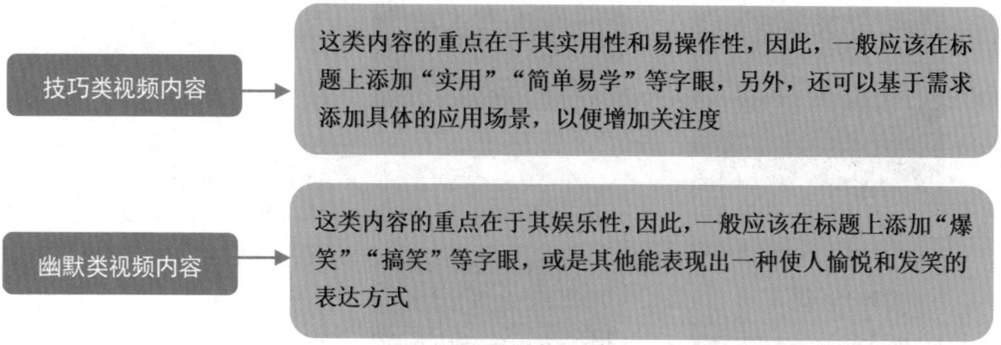

技巧类视频内容 → 这类内容的重点在于其实用性和易操作性，因此，一般应该在标题上添加"实用""简单易学"等字眼，另外，还可以基于需求添加具体的应用场景，以便增加关注度

幽默类视频内容 → 这类内容的重点在于其娱乐性，因此，一般应该在标题上添加"爆笑""搞笑"等字眼，或是其他能表现出一种使人愉悦和发笑的表达方式

图 8-29　快手视频平台上不同类型的视频内容的标题设置

当然，快手运营者在设置账号的封面和标题时，最好能将二者结合起来表达一个主题、一种氛围，这样可以在很大程度上加深用户对视频内容的第一印象，吸引他们去观看。

8.3　内部增粉，获得流量

快手短视频自媒体已经是发展的一个大趋势，影响力日益增大，其平台用户也越来越多。对于快手这个聚集大量流量的地方，快手运营者是不可能放弃的。那么，运营者又该如何在快手平台引流呢？

8.3.1　打造话题，贴上标签

话题标签引流，这种方式抖音和快手都有，它最大的作用是开发商业化产品。快手平台运用了"模仿"这一运营逻辑，实现了品牌最大化的营销诉求。当然，快手运营者参加话题挑战赛的关键就在于找到合适的话题。那么快手运营者如何找到合适的话题呢？

运营者可以进入快手搜索界面，查看"热榜"内容并选择其中的某项内容。然后会出现与该话题标签相关的热门和最新短视频，快手运营者只需点击某个视频，便可以进入视频播放界面，查看相关视频的内容。

运营者可以根据该话题中相关视频的内容，总结经验，然后据此打造带有话题标签的视频，从而提高自身内容的吸引力，增强内容的引流推广能力。从数据来看，这种引流营销效果是非常可观的。那么，参加快手挑战赛需要注意的规则有哪些呢？主要有以下两点。

（1）在挑战赛中，快手运营者越少露出品牌，越贴近日常挑战内容话题文案，播放量越可观。

（2）对于快手运营者而言，首发视频可模仿性越容易，全民的参与度才会越高，才能更轻松地引流。

8.3.2　快手直播，引导关注

在互联网商业时代，流量是所有商业项目生存的根本，谁可以用最少的时间获得更大、更有价值的流量，谁就有更大的变现机会。

快手运营者可以利用快手中的直播功能，吸引用户去你的直播间，然后引导用户关注你的快手号。用户关注你的快手号可以点击直播页面的"关注"按钮，也可以点击"头像"按钮，在弹出的新页面中点击"关注"按钮。用户关注你的账号成功之后，页面就会显示"已关注"。

8.3.3　内容造势，引发围观

快手平台的内容传播力是毋庸置疑的，运营者要想让目标群体全方位地通过内容了解产品，比较常用的招式就是为内容造势。

1. 传播轰动信息

快手运营者给受众传递轰动、爆炸式的信息，借助公众人物来为头条号造势，兼具轰动性和颠覆性，立刻能够成功吸引用户的眼球。在这个信息爆炸的年代，想要从众多新颖的视频内容中脱颖而出，就要制造一定的噱头，用语出惊人的方式吸引受众的眼球。

2. 总结性的内容

扣住"十大"就是典型的总结性内容之一。所谓扣住"十大"，就是指在标题中加入"10 大""十大"之类的词语，例如《电影中五个自带 BGM 出场的男人》《2020 年十大好电视剧推荐》等。这种类型视频标题的主要特点就是传播率广，在网站上容易被转载和容易产生一定的影响力。

3. 自制条件造势

除了可以借势外，在推广内容时，还可以采用自我造势的方式来获得更多的关注，产生更大的影响力。任何内容的运营推广，都需要两个基础条件，即足够多的粉丝数量与与粉丝之间拥有较为紧密的关系。

快手运营者只要紧扣这两点，通过各种活动为自己造势，增加自己的曝光度，就可以获得很多粉丝。为了与这些粉丝保持紧密关系，运营者可以通过各种平台经常发布内容，还可以策划一些线下的有影响力的活动，这样通过自我造势带来轰动效果，从而引发观众围观。

总的来说，自我造势能够让消费者清晰地识别并唤起他们对产品的联想，从而进行消费，可见其对内容运营推广的重要性。

8.3.4 同框视频，借助名人

当大家看到有意思的视频，或者看到某位知名人士发布的快手视频时，可以借助快手的拍同框视频功能，拍摄与该视频同框的视频，然后借助原有视频或某位知名人士进行引流。所谓拍同框，就是指在一个视频的基础上，再拍摄另一个视频，然后这两个视频会分别在屏幕的左右两侧同时呈现。接下来，笔者就来对快手拍同框视频的具体操作进行简要的介绍。

步骤01 打开一个自己喜欢的视频或者热度比较高的视频，然后点击 按钮，如图 8-30 所示。

步骤02 在弹出的新页面中找到"一起拍同框"按钮，然后点击该按钮，如图 8-31 所示。

图 8-30 点击 按钮

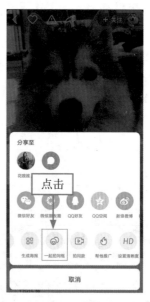

图 8-31 点击"一起拍同框"按钮

步骤03 进入视频拍摄页面，可以根据自己的情况选择拍摄时的辅助功能，然后点击"拍同框"按钮，如图 8-32 所示。

步骤04 拍摄完成之后，进入视频编辑页面，点击"下一步"按钮，如图 8-33 所示。

步骤05 进入"发布"页面后，输入信息，完成后点击"发布"按钮，如

图 8-34 所示。

图 8-32　点击"拍同框"按钮

图 8-33　视频编辑页面

图 8-34　"发布"页面

8.3.5　作品推广，大量引流

快手短视频发布之后，快手运营者可以通过快手的作品推广功能为视频进行引流。所谓作品推广，实际上就是通过向快手官方支付一定金额的方式，让快手平台将你的短视频推送给更多快手用户。那么，快手作品推广功能要如何使用呢？下面介绍具体的操作步骤。

步骤 01　进入自己的账号主页，选择要推广的作品，如图 8-35 所示。

步骤 02　进入该内容的播放页面之后，点击该页面上方的 ⌓ 按钮，如图 8-36 所示。

步骤 03　执行操作之后，会弹出一个新页面，点击该页面中的"作品推广"按钮，如图 8-37 所示。

步骤 04　进入"作品推广"页面，该页面有两个选项，即"推广给更多人"和"推广给粉丝"，运营者根据自己的实际情况选择推广方式，然后支付相应的金额就可以了。如图 8-38 所示，为"推广给更多人"的支付页面；如图 8-39 所示，为"推广给粉丝"的支付页面。

图 8-35　快手个人主页

图 8-36　点击⤴按钮

图 8-37　点击"作品推广"按钮

图 8-38　"推广给更多人"支付页面

图 8-39　"推广给粉丝"支付页面

第 9 章

视频号，赢在起跑线

学前
提示

　　视频号虽然还处于发展初期，各种功能都还不完善，但是随着 5G 时代的到来，以及腾讯对它的重视，视频号的未来可期。本章就来介绍一下视频号的相关知识，帮助大家赢在起跑线。

要点
展示

- 入驻平台，分享生活
- 掌握要点，打造爆款
- 遵守规则，规避违规
- 内部引流，增加粉丝

9.1 入驻平台，分享生活

目前，微信视频号虽然已经开放，但是还处在初期发展阶段，不过已经有一部分用户申请注册了视频号，并且在视频号上面发布自己的短视频或图片作品，分享自己的生活。

那么怎样申请视频号，成为视频号的先行者呢？本节先来给大家介绍一下怎么入驻视频号平台。

9.1.1 开通账号，打造专属

视频号目前还处于内测阶段，有一部分微信用户收到了微信官方邀请开通视频号的信息，如图 9-1 所示。这部分收到开通信息的用户，可以根据微信发布的信息开通并创建属于自己的视频号。

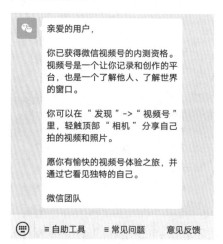

图 9-1　微信官方邀请开通视频号

还有一大部分用户是没有被微信官方邀请的，他们需要向微信方面申请参与内测。用户想要申请内测资格，可以发送邮件至 channels@tencent.com。需要注意的是，并不是所有参与内测的申请都可以通过，微信方面会判断你能不能获得内测资格，所以用户在发送邮件的时候需要提供正确的身份信息和比较优质的作品。

邮件的标题必须注明"视频号内测＋姓名或者主体名"，个人申请写姓名，企业或机构申请写主体名。正文需提供身份信息，如微信号、个人或机构介绍，以及你在其他平台的账号名、粉丝数、互动数等录屏或者截图证明，注意所有的信息必须真实有效，还可以在正文写上感谢的客套话。信息全部填写完成之后，就可以点击"发送"按钮，如图 9-2 所示。

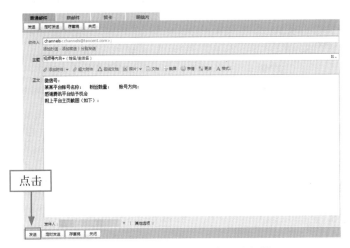

点击

图 9-2　发送申请内测资格的邮件

邮件发送之后，需要等待微信官方的回复，有的回复快，有的回复慢，慢慢等待，只有收到微信官方的回复，才能进行接下来的步骤。收到微信官方的回复之后，根据信息内容进行操作即可。如图 9-3 所示，为微信官方的回复邮件。

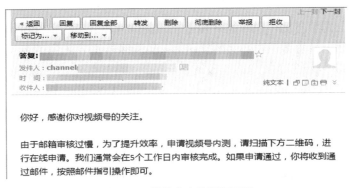

图 9-3　微信官方的回复邮件

一般收到的回复里面会有一个二维码，扫描该二维码就会弹出"视频号开通申请"页面，如图 9-4 所示。根据提示填写完所有的信息之后，还需要添加原创作品，且作品中的图片不能超过 5MB，视频不能超过 30MB。这些全部完成之后，下方有一个"确定"按钮，点击就可以了。注意填写信息必须在 40 分钟内完成，不然此次申请就会失效。

关于视频号内测的问题，之前微信方面公布了微信用户申请并获得内测资格的具体流程和规则，如图 9-5 所示。用户可以先了解一下流程和规则，然后进行具体的申请操作。

图9-4　填写申请信息

图9-5　申请内测的流程和规则

除了上面两种方法可以开通视频号外，还有一种方法，即视频号有一个"邀请卡"的玩法，就是微信官方会随机送给一些视频号主3张邀请卡，然后这些视频号主就可以利用这3张邀请卡邀请自己的3位微信好友开通视频号，但被邀请的微信好友必须和该视频号主认识超过3个月，如图9-6所示。

图9-6　微信官方发送的邀请卡信息

视频号主点击微信团队所发送信息中的链接，页面打开就是邀请卡页面，然后微信用户就可以进行接下来的操作了。

步骤01　点击邀请链接，在打开的页面中可以看到3张类似的并带有二维码的海报，如图 9-7 所示。视频号主可以长按图片下载，或者直接转发给未开通视频号的好友。

图 9-7 视频号邀请卡

步骤 02 微信用户在收到邀请卡之后，扫描海报中的二维码，然后会出现邀请开通视频号的页面，点击"开通视频号"按钮，如图 9-8 所示。

步骤 03 点击之后，同样会弹出填写信息的页面。信息填写前面已经讲过，就不再赘述了。信息填写完之后，点击"确定"按钮。弹出视频号开通成功的页面，点击"完成"按钮，然后该用户便可以在视频号中发表自己的作品了，如图 9-9 所示。

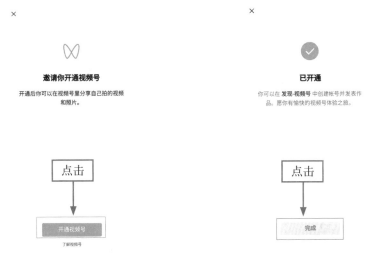

图 9-8 点击"开通视频号"按钮　　**图 9-9 视频号开通成功页面**

还有一点需要说明，就是没有收到邀请卡的用户，扫描别人邀请卡上面的二维码是没有用的，扫描之后只会显示"无资格邀请"。

9.1.2　完善信息，做好"门面"

用户开通视频号之后，就可以进行视频号封面图片、头像、简介、消息提醒等基本信息的设置。

这些基本信息就像是视频号的门面，是其他视频号用户进入你的账号主页首先会看到的东西，也能在一定程度上影响他们对你视频号的看法。用户在设置的时候需要仔细琢磨，好好完善。

1. 封面设置

视频号用户若要账号页面比较美观，以吸引更多人关注的话，可以更换封面图片，具体操作如下。

步骤①　通过微信"发现"页面的视频号入口进入视频号首页，点击👤按钮，如图 9-10 所示。

步骤②　进入新页面之后，点击该页面中的"我的视频号"下方的账号按钮，如图 9-11 所示。

图 9-10　点击👤按钮

图 9-11　点击账号按钮

步骤③　执行操作之后，进入自己的视频号账号主页，轻触账号主页的上方位置，如图 9-12 所示。

步骤④　在弹出的页面中有"更换视频号封面"和"取消"两个按钮，点击"更换视频号封面"按钮，如图 9-13 所示。

图 9-12　轻触账号主页上方位置　　　　**图 9-13　点击"更换视频号封面"按钮**

步骤 05 进入本地相册，选择自己事先准备好的封面照片，然后进入新页面，点击"确定"按钮，如图 9-14 所示。

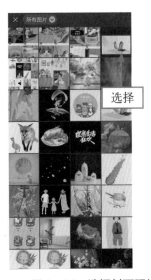

图 9-14　选择封面照片后点击"确定"按钮

2. 头像设置

用户在进行头像设置的时候，也是先进入自己的视频号主页，然后设置或者更换头像，具体操作如下。

步骤 ① 进入自己的视频号账号主页之后，点击 … 按钮，如图 9-15 所示。

步骤 ② 执行操作之后，进入"设置"页面，点击该页面的账号头像，如图 9-16 所示。

步骤 ③ 操作完成之后，进入"资料"页面，点击该页面中的"头像"按钮，如图 9-17 所示。后面的操作与封面设置的步骤 5 一致，不再复述。所有的步骤完成之后，返回视频号账号主页，头像就更换成功了。

图 9-15 点击 … 按钮

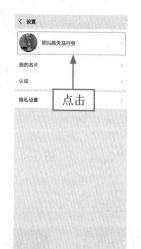
图 9-16 点击账号头像

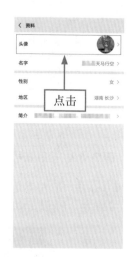
图 9-17 点击"头像"按钮

3. 账号名字设置

账号名称设置的步骤与头像设置的步骤基本相同，只是在"资料"页面中，点击的是"名字"按钮，所以可以参照头像设置步骤进行账号名称的设置，这里就不具体展开讲了。需要注意的是，视频号的名字一年只可以修改两次，所以不要盲目地更换名字，如图 9-18 所示。而且，名字更换太频繁不利于账号的运营和粉丝的积累。

修改名字

今年还可修改2次。

图 9-18 视频号名字一年可改两次

9.1.3 认证账号，赢得推荐

视频号用户在视频号开通成功之后，运营一段时间达到认证要求，就可以申请视频号认证了。账号认证的好处有很多，其中最重要的一点就是该视频号可以获得视频号平台更多的推荐，吸引更多的流量。接下来介绍申请认证的步骤。

步骤 01 进入视频号账号的"设置"页面之后，点击该页面的"认证"按钮，如图 9-19 所示。

步骤 02 执行操作之后，进入"视频号认证"页面，个人视频号认证点击该页面中的"个人认证"按钮，如图 9-20 所示。

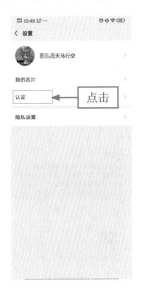

图 9-19　点击"认证"按钮　　　　**图 9-20　点击"个人认证"按钮**

步骤 03 执行操作之后，进入"个人认证"页面，满足申请条件就可以申请认证了。申请认证之前，可以先点击页面下方的"查看认证需要提交的资料"文字链接，如图 9-21 所示。在弹出的页面中，先选定自己账号需要认证的类型，然后就会有相应的需要提交的资料提示，如图 9-22 所示。

步骤 04 企业和机构认证是在进入"视频号认证"页面后，点击"企业和机构认证"按钮，进入"企业和机构认证"页面之后，点击"开始认证"按钮，就可以申请认证了，如图 9-23 所示。注意企业和机构认证可以用已经认证的公众号管理员进行扫码确认，如图 9-24 所示。

视频号运营者需要注意，在账号认证的过程中若出现问题，可以放弃认证，不过要慎重考虑，因为认证的机会一年只有两次。

图 9-21 "个人认证"界面

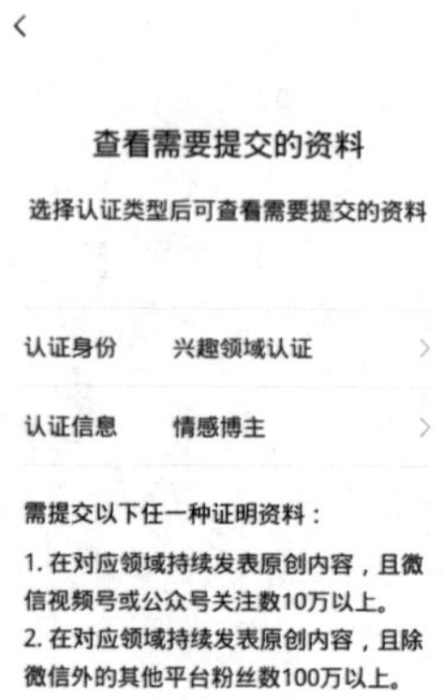

图 9-22 个人认证需要提交的资料

图 9-23 "企业和机构认证"页面

图 9-24 认证公众号管理员扫码确认

9.2 掌握要点，打造爆款

视频号运营者要想打造热门内容，得到更多平台推荐和用户喜爱，就需要了解让内容成为视频号爆款的基本要点。本节给大家介绍一下打造爆款内容的 3 个基本要点。

9.2.1　找好定位，垂直输出

视频号运营者在开通视频号之后，不要急于在视频号中发布内容，而要先想清楚以下几个问题。

（1）你的视频号定位是什么？对于新媒体来说，账号的定位是非常重要的一环，有了好的定位才能持续地输出优质的垂直领域的内容，吸引更多的精准粉丝。

（2）你的目标受众是什么类型的群体？知道了目标受众，你才能根据他们的用户属性去创作吸引他们的内容。

（3）你的内容能否带给用户价值，以及什么样的价值？视频号用户在刷内容的时候，除了打发无聊的时间外，也希望获得知识，或者其他有价值的东西。

（4）你对账号定位的领域是否熟悉和擅长？一般来说，人对于自己擅长的领域会做得更好，这同样适用于视频号的运营。

（5）如何变现？大部分的视频号运营者都希望自己的视频号能够变现，所以在前期的时候考虑变现的问题，在后面才能游刃有余。

视频号运营者需要注意，视频号发布的内容最好是能与账号定位匹配，并持续、长期输出以垂直领域作为核心所制作的内容，吸引更多的精准粉丝流量，提高视频号账号的权重。笔者建议日更，或者隔日更新内容。

图 9-25 所示为视频号"萌宠天团"发布的短视频内容截图。该视频号运营者就是以持续输出高质量的、垂直领域的短视频内容而获得很多喜欢宠物的视频号用户的关注。

图 9-25　视频号"萌宠天团"的内容截图

无论是以文章为主的长内容阅读时代，还是以短视频为主的短内容阅读时代；

无论是视频号平台，还是其他新媒体平台，内容为王这一点是绝对重要的。而且运营者挖掘深层次内容的能力，以及进行粉丝长效性经营的能力，是运营视频号并提高其变现能力的关键。

9.2.2 满足需求，引起共鸣

视频号用户在刷到一个视频之后，愿意选择继续观看，以及产生点赞、评论、关注，甚至是分享给自己的微信好友等行为，其主要原因有两个，一是打发无聊的时间并能获得有价值的信息，二是内容引起了该用户的共鸣，可以是感到有趣或是其他情感上的共鸣。

所以，视频号运营者在创作内容的时候，需要保证自己的内容能给其他视频号用户提供价值或者能够引起他们的共鸣，也就是应该满足用户的需求和强调内容的可看性。视频号所发布的内容应该有让人印象深刻的记忆点，做到中心明确、求同存异、具有特色，而不是模棱两可，让用户看完还云里雾里。

视频号运营者在产出内容时，应该先找到自己的内容方向，然后形成统一的账号风格，用贴近生活的案例来讲专业知识，从而提高用户观看视频的时长，在吸引新粉丝的同时，留住老粉丝。

例如，视频号"Ps 小课堂"发布的视频内容就是以一般人的生活体验为主，然后教大家在生活中某些场景拍摄图片的 Ps 处理技巧，所以用户在看过视频之后，就能获得比较实用的 Ps 技巧。如图 9-26 所示，为视频号"Ps 小课堂"发布的内容截图。

图 9-26　"Ps 小课堂"发布的内容截图

9.2.3 内容制作，坚持原则

微信视频号是比较注重原创内容的，用户在开通视频号之后，就会收到视频号官方发送的通知。如图 9-27 所示，为视频号官方发送的通知的部分截图。通知中很明确地说明了视频号鼓励用户分享原创的拍摄作品，而直接搬运的内容不会被推荐，甚至还会被处罚，也就是降权或者封号。

3. 发表的视频如何进入热门推荐？

建议在发表的时候打上#话题#、配上音乐、设置地理位置信息，让你的视频更具有吸引力。当视频有很多人点赞时，该视频可能进入热门推荐。

4. 视频号鼓励什么样的内容？

视频号鼓励大家分享原创的拍摄作品。从他人那里搬运来的内容不会得到推荐，还可能会被处罚。

图 9-27 官方发送的通知内容截图

如果运营者希望将视频号运营好，笔者建议不要直接搬运。这样做既浪费时间，又没有效果。优质的原创视频才是运营的出路，尤其是真人出境的原创会获得更多的平台推荐，笔者建议视频号运营者多产出真人原创类视频。

9.3 遵守规则，规避违规

由于视频号目前还处于内测阶段，它的各种规则也还不是很完善，所以已经有很多用户出现了违规的情况，平台在治理违规这方面是很严格的。因此，视频号运营者在运营时有几点是需要特别注意的。

9.3.1 账号信息，避免违规

视频号的账号信息违规包括简介违规、名称违规、封面违规和头像违规，比如，个人简介中有导流到抖音、快手等其他短视频平台的嫌疑；用户名含有夸张的字眼引起资质怀疑，例如 "新媒体运营师" 之类的名称；视频封面诱导别人关注自己或别人；用户头像带有导流图像，包括导流至个人微信。

违规的内容会被视频号官方平台删除、清空，而其他合规的内容不会有影响。但是，如果出现多次违规，就会被平台限流、降权，甚至是封号。如图 9-28 所示，为头像、名称、主页封面、简介违规通知截图。

简介违规被清空

根据视频号运营规范，视频号的简介有诱导类违规内容已被清空，继续违规会升级处罚。

1小时前

了解详情 〉

封面违规被清空

根据视频号运营规范，视频号的封面有诱导类违规内容已被清空，继续违规会升级处罚。

1小时前

了解详情 〉

名称违规被清空

根据视频号运营规范，视频号的名称有诱导类违规内容已被清空，继续违规会升级处罚。

1小时前

头像违规被清空

根据视频号运营规范，视频号的头像有诱导类违规内容已被清空，继续违规会升级处罚。

1小时前

了解详情 〉

图 9-28　头像、名称、主页封面、简介违规通知截图

9.3.2　包含标识，小心侵权

在视频内容中出现含有别人的版权商标等权利标识，比如，其他平台的水印和 Logo，平台会对其进行限流。如图 9-29 所示，为侵权违规通知截图。

视频号动态被限制传播

你在 2020-04-21 10:28:15 发表的动态"#闲##无聊##...."可能含有版权商标等权利标识（如水印、LOGO 等），有侵权风险。根据视频号运营规范，该动态的传播已被限制，详情请轻触本通知查看。

如需申诉，请附上本通知截图和帐号资料等相关证明，邮件发送到 ▮▮▮▮▮@tencent.com。

4月21日 10:28

图 9-29　侵权违规通知截图

9.3.3　搬运视频，作品下架

一般来说，视频号的账号名称都是唯一的，没有完全一样的两个名称，但是有的用户会去仿冒他人的账号发布内容，比如仿冒某个网络红人的身份，然后故意让其他用户产生混淆，被举报且平台查证之后会直接封号。

还有就是直接搬运别人的视频，未得到原作者的许可，被举报后，作品直接下架，出现多次此类违规情况，平台会将该账号封号，如图 9-30 所示。所以，对于运营视频号的自媒

视频号动态违规被删除

由于违反视频号运营规范（如抄袭搬运、违法违规等），你在 2020-02-01 17:39:47 发表的动态"#韩红...."已被删除，继续违规会升级处罚。

昨天 下午 10:27

查看详情

视频号动态违规被删除

由于违反视频号运营规范（如抄袭搬运、违法违规等），你在 2020-02-01 17:39:47 发表的动态"#韩红...."已被删除，继续违规会升级处罚。

昨天 下午 10:27

图 9-30　搬运或者伪原创违规

体人来说，做原创才是最长久、最靠谱的一件事情。

9.3.4 其他违规，需要注意

如果视频号用户在短时间内，尤其是在刚注册账号的时候，频繁点赞或者评论他人发布的作品，或者发表敏感内容被人举报，将被禁言 7 天。在此期间，用户无法评论和点赞。多次出现这类情况，同样将被限流、降权或封号。

1. 恶意注册

视频号认证情况和实际情况不符，或者使用违法侵权信息注册，这些都是禁止的，只要被平台查实，该账号就会被清空并封号。

2. 刷粉刷量、泄露他人隐私、发布不实消息等

视频号是严禁刷粉刷量、泄露他人隐私和发布不实信息的，所以，运营者在作品发布之前需仔细检查，避免出现这样的问题。

9.4 内部引流，增加粉丝

其实，视频号内部引流与抖音、快手等短视频平台的内部引流差不多，本节结合视频号的实际情况来谈谈内部引流的问题。

9.4.1 "高潮"前置，抓住用户

因为视频号中的内容非常丰富，所以，很多视频号用户对于看到的视频会比较挑剔。如果你的视频不能从一开始就吸引住用户，那么，视频号用户很可能就会选择直接划过。

针对这一情况，我们不妨采用"高潮"前置法，把一些能吸引目光的内容放在视频的开头位置，在视频的前 3 秒就抓住用户的目光，从而让视频号用户有看完视频的兴趣。

如图 9-31 所示，为视频号"波斯 Persia"发布的短视频内容截图。它在视频一开始，就将短视频所要讲的重要内容写了出来，但是又没有点明具体情况，给视频号用户设置了悬念，引起他们的兴趣，抓住了他们的眼球，自然该短视频的完播率也会相应提高。

图 9-31　"波斯 Persia"发布的短视频内容截图

9.4.2　借势热点，快速涨粉

相比于一般内容，热点内容因为拥有一定的受众基础，所以通常更容易获得大量视频号用户的关注。视频号运营者可以根据这一点，巧妙借势热点，打造与热点相关的短视频，从而实现快速涨粉。

比如，《乘风破浪的姐姐》这个综艺节目非常火，与它有关的各种话题经常上微博的热搜，所以有很多视频号运营者就利用了《乘风破浪的姐姐》的热点制作自己的短视频，然后发布在视频号上，获得更多的关注。如图 9-32 所示，为视频号"红王爷"发布的短视频截图。

图 9-32　"红王爷"发布的短视频截图

9.4.3 添加话题，争取推荐

话题就相当于视频的一个标签。部分视频号用户在查看一个视频时，会将关注的重点放在查看视频添加的话题上；还有部分视频号用户在查看视频时，会直接搜索关键词或话题。

如果视频号运营者能够在视频的文字内容中添加一些话题，便能吸引部分对该话题和标签感兴趣的视频号用户，从而在此基础上实现一定的引流。

一般来说，视频号运营者在发布内容时多带几个话题，是为了其他用户在搜索这类内容或话题的时候，让视频号平台把你的这则内容推送给他，这样，自然也就达到了利用话题引流的目的。

如图 9-33 所示，为视频号"舜网"发布的短视频内容截图。该视频号运营者给该短视频添加了 3 个与视频内容相关的话题，当其他的视频号用户搜索这 3 个关键词中的任意一个关键词时，视频号平台就会将该短视频推荐给他，自然就增加了该视频号的曝光率。

图 9-33 "舜网"发布的短视频内容截图

9.4.4 添加定位，增加曝光

在微信视频号的首页，点击 ⊙ 按钮，可以查看附近人的视频号内容，这对于视频号运营者来说不失为一个引流的好方法，如图 9-34 所示。运营者在发布内容的时候，添加自己的定位，这样视频号平台就会将你推荐给附近的人。视频号曝光的机会增加，流量自然也就会增多。

图9-34　点击◎按钮

第 10 章

B 站，更多经济补贴

学前提示

哔哩哔哩现为中国年轻一代高度聚集的文化社区和视频平台，被用户亲切地称为"B 站"。它的功能齐全，对低质量内容的处理力度大，近年来发展非常迅速。哔哩哔哩为了激励创作者，升级了激励创作规则，使得其更加适合创作者，给了创作者更多的补贴和自主权。

要点展示

- 打造账号，成为 UP 主
- 爆款视频，吸粉绝招

10.1　打造账号，成为 UP 主

B 站全称哔哩哔哩（英文名称：bilibili），该网站于 2009 年 6 月 26 日创建，早期是一个 ACG [ACG 即 Animation（动画）、Comics（漫画）与 Games（游戏）的缩写] 内容创作与分享的视频网站，被粉丝们亲切地称为"B 站"。

B 站平台上年轻人居多，其活跃度和购买能力也非常高，能够将一个 B 站账号运营好也可以为大家增加很多的曝光和收入。本节为大家介绍一下如何打造属于自己的 B 站账号。

10.1.1　入驻登录，步骤简单

用户想要在 B 站登录，步骤其实非常简单，下面讲解在手机上面如何登录 B 站，具体如下。

步骤 01　利用手机中的应用商城下载并安装哔哩哔哩视频 App，进入哔哩哔哩视频 App 中的"我的"页面，然后点击该页面上方的"点击登录"按钮，如图 10-1 所示。

步骤 02　在弹出的新的页面中点击"本机号码一键登录"按钮，即可完成登录，如图 10-2 所示。

图 10-1　"我的"页面

图 10-2　点击"本机号码一键登录"按钮

10.1.2　回答转正，成为会员

在哔哩哔哩平台提供有一个回答转正的机会，如果用户想要运营自己的账号就必须转正，这样才会有经验值，账号才会升级，权重才会提高，而且看视频刷弹幕也需要用户是正式会员。在哔哩哔哩平台的"我的"页面有一个"挑战转正答题"按钮，用户可以点击该按钮开始答题，如图 10-3 所示。

"挑战转正答题"中一般有 40 道社区规范题，10 道弹幕规范题，后面的 50 道题可以自己选择领域，比如历史、文化、地理、化学、娱乐、时尚、动漫等，选择好领域之后继续答题。总共 100 道选择题，一题一分，60 分转正，提前完成 60 分可以提前交卷。里面的题比较常规，用户选择自己擅长的领域一般都可以拿到 60 分，拿到 60 分的用户即转为正式会员。如图 10-4 所示，为答题页面。

图 10-3 点击"挑战转正答题"按钮

图 10-4 答题页面

10.1.3 信息修改，增加吸引

用户成为正式会员之后，可以进行信息的修改和完善，打造一个吸引人的"门面"，具体操作如下。

步骤 01 登录哔哩哔哩账号之后，进入"我的"页面，点击该页面的"空间"按钮，如图 10-5 所示。

步骤 02 进入自己的账号主页，点击该页面的"编辑资料"按钮，如图 10-6 所示。

步骤 03 进入"账号资料"页面，在该页面进行账号的信息修改和完善，如图 10-7 所示。

步骤 04 首先是设置头像，点击"头像"按钮，会弹出一个新的页面，如图 10-8 所示，用户可以根据自己的情况选择合适的图片作为头像。

图10-5　点击"空间"按钮

图10-6　点击"编辑资料"按钮

图10-7　"账号资料"页面

图10-8　"头像选择"页面

步骤 05 接下来是昵称修改，点击"账号资料"页面中的"昵称"按钮，如图 10-9 所示。注意修改昵称需要用 6 枚硬币，什么是硬币？硬币是哔哩哔哩平台中非常重要的物品，修改昵称的时候需要使用，当用户看到喜爱的视频作品之后可以对该视频作品投币表示支持，但是硬币无法转换为现金，并且只可用于哔哩哔哩平台。目前硬币没有办法通过充值直接获得，一般每日登录账号，平台会发放 1 枚，投稿 10 个视频可以获得 1 枚。

步骤 06 然后是性别选择，哔哩哔哩平台非常尊重用户的隐私，所以用户如果不想暴露自己的性别、可以选择"保密"，如图 10-10 所示。

图 10-9 "修改昵称"页面　　　　图 10-10 "性别选择"页面

步骤 07 修改自己的个性签名，且个性签名的字数要在 70 字以内，如图 10-11 所示。注意个性签名不能涉黄及暴力用语，不能违法违规。在此将自己的重点特色介绍出来让别人了解，以吸引更多的用户关注你的账号。

图 10-11 "修改个性签名"页面

10.1.4 账号认证，增加权重

哔哩哔哩平台的账号认证分为个人认证和机构认证两种，个人认证包括知名 UP 主认证、身份认证、专栏领域认证；机构认证包括企业认证、媒体认证、政府认证、组织认证，具体介绍如下。

（1）知名 UP 主认证。认证的要求是在哔哩哔哩平台的粉丝数累计达到 10 万、有在平台投稿、属于转正会员、成功绑定手机。

（2）身份认证。认证的要求是在站外单个主流平台的粉丝数达到50万、属于转正会员、成功绑定手机。

（3）专栏领域认证。认证的要求分为两种，一种是站外优质作者进行认证需要站外单个主流平台的粉丝数达到10万、要在哔哩哔哩平台至少成功投稿3篇专栏；另一种是站内优质专栏作者进行认证需要粉丝数在1000到10万之间、近半年内发布原创专栏超过10篇并且累计阅读量超过10万。

（4）企业认证、媒体认证、政府认证、组织认证没有认证的具体要求，但是认证时填写的信息必须真实有效。

以个人认证中的身份认证为例，具体的实名认证步骤如下。

步骤 01 登录哔哩哔哩账号之后，进入"账号资料"页面，找到"哔哩哔哩认证"栏，点击进入"哔哩哔哩认证"页面。

步骤 02 点击"哔哩哔哩认证"页面的"身份认证"按钮，如图10-12所示。

步骤 03 执行操作之后，进入一个新的页面，点击该页面"提交实名认证"右侧的"申请"按钮，如图10-13所示。

步骤 04 执行操作之后，进入"实名认证"页面，点击"开始申请"按钮，如图10-14所示。

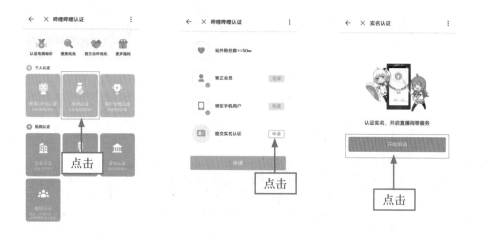

图10-12 点击"身份认证"按钮　　**图10-13 点击"申请"按钮**　　**图10-14 点击"开始申请"按钮**

步骤 05 执行操作之后，按照实名认证的要求开始填写实名认证需要的信息和上传自己的身份证照片，完成之后点击"提交"按钮，如图10-15所示。该页面下方有注意事项、证件要求和照片要求，用户填写信息之前可以先浏览一下这些内容，避免出错。

图 10-15 进行实名认证

10.2 爆款视频，吸粉绝招

对于哔哩哔哩平台的 UP 主来说，增加粉丝的最佳方法就是制作爆款视频，赢得更多平台的推荐机会。只有你的视频具备足够的吸引力，能够引起其他用户兴趣，你才有机会成为一个大 UP 主，增加更多的收入。

10.2.1 作品发布，多种形式

用户在哔哩哔哩平台上可以发布专栏作品、即时拍摄的作品，上传已经制作完成的作品和音乐视频，接下来为大家介绍作品发布的方法。

步骤 01 登录哔哩哔哩 App，进入"我的"页面，点击该页面的"发布"按钮，如图 10-16 所示。

步骤 02 执行操作之后会弹出一个新的页面，该页面有专栏、拍摄、上传、音乐视频 4 个选项，用户可以根据自己的需求选择发布的方式，如图 10-17 所示。

步骤 03 选择"专栏"选项，进入"专栏开通申请"页面，在该页面先阅读开通规则，然后填写自己的真实信息，完成之后点击"提交申请"按钮，如图 10-18 所示。

图10-16　点击"发布"按钮

图10-17　选择作品发布方式

图10-18　申请专栏页面

步骤04　选择"拍摄"选项，进入视频拍摄页面，可以先选择背景音乐，然后点击"拍摄"按钮，如图10-19所示。

步骤05　选择"上传"选项，进入本地视频页面，选择要发布的视频，如图10-20所示。

步骤06　视频上传完成之后，进入视频编辑页面进行视频的后期剪辑，完成后点击"下一步"按钮，如图 10-21 所示。

步骤⑦ 执行操作之后进入"发布"页面，等待视频上传完成，根据要求填写信息，完成后点击"发布"按钮，如图 10-22 所示。

图 10-19　点击"拍摄"按钮

图 10-20　选择要发布的视频

图 10-21　视频编辑页面

图 10-22　视频发布页面

步骤⑧ 选择"音乐视频"选项，选择自己中意的音乐视频模板，点击"使用"按钮，如图 10-23 所示。

步骤 ⑨ 执行操作之后，进入本地图片或者视频的选择，选择要发布的图片或者视频，点击"下一步"按钮，如图 10-24 所示。

图 10-23　选择音乐视频并使用　　　　**图 10-24　选择图片后点击"下一步"按钮**

步骤 ⑩ 执行操作之后，进入到音乐视频的编辑页面进行视频的后期处理，完成后点击"下一步"按钮，如图 10-25 所示。

步骤 ⑪ 执行操作之后进入"发布"页面，等待视频上传完成，填写信息，点击"发布"按钮，如图 10-26 所示。

图 10-25　音乐视频编辑页面　　　　**图 10-26　音乐视频发布页面**

10.2.2　打造爆款，吸引粉丝

在哔哩哔哩平台，UP 主想要为自己的账号吸引更多的粉丝，最有效的方法就是打造爆款视频。那么如何在哔哩哔哩平台上打造爆款视频呢？下面从 4 个方面进行说明。

1. 视频内容

对于 UP 主来说，蹭热点是增加视频流量和增加账号粉丝最好的方式，不蹭热点的视频很难被别人发现。那么如何蹭热点呢？这里总结了几个技巧供大家参考，希望能帮助到大家。

（1）分析在哔哩哔哩平台上面比较受欢迎的 UP 主，多看看他们的视频，研究他们的视频风格，然后打造自己的视频风格。视频或者账号想要持续受到其他用户的喜爱，打造统一的、独一的视频风格是非常重要的。

（2）分析哔哩哔哩平台目前比较火的视频。通过对热门视频或者热门话题的分析，找到自己想要制作或者更有把握做好的话题去制作自己的原创视频，如图 10-27 所示。

| Q 现代版《武林外传》！ | 取消 |

热搜

1 无天佛祖来B站了 热	2 中印边境冲突 热
3 银河系智能文明 热	4 天猫618超级晚 新
5 乘风破浪的姐姐	6 顶替上大学者被曝光
7 北京应急响应二级 新	8 杨超越 皇后与梦想
9 叔圈顶流潘粤明	10 三国演义

图 10-27　哔哩哔哩的热门话题

（3）去其他平台找热点，比如微博、百度搜索、爱奇艺等，UP 主找到符合自己账号风格的话题来制作视频。一般来说 UP 主所制作的视频都应该与自己的账号定位一致。

比如"老邪说电影"的定位是搞笑吐槽影视剧，所以该 UP 主发布的都是吐槽最近最热的影视剧的视频，而且该 UP 主不会等电视剧更新完才制作吐槽视频，一般都是在看过一部分之后就会制作视频，因为影视剧在更新过程中的热度是最高的，播完之后它的热度也就开始下降，这个时候再去制作吐槽视频就已经引起不了观众多大的兴趣。如图 10-28 所示，为"老邪说电影"发布的吐槽视频。

图 10-28　"老邪说电影"发布的吐槽视频

2. 标题

除了视频内容应该有自己的独特吸引力外，标题也是吸引用户观看的一大法宝，这里总结了几个哔哩哔哩平台上爆款标题的打造技巧，具体如下。

（1）激发观众好奇。

人总是对未知的事物充满好奇，想要去一窥究竟，所以 UP 主在写作标题的时候不妨再加个问号，也就是设置悬念。如图 10-29 所示，为激发人好奇心的标题案例。

图 10-29　激发人好奇心的标题案例

（2）戳中观众痛点。

戳中观众痛点就是要引起观众共鸣。所谓引起共鸣，就是 UP 主所写的标题能够替用户说出心里话，把用户最想表达的观点和态度作为自己的观点和态度表达出来，这一点就需要 UP 主前期对哔哩哔哩平台的用户有足够的了解，只有知道他们想要什么，才能创作出戳中他们的内容，引起他们的情感共鸣，为自己的视频赢得更多的流量。当然不可哗众取宠，不可标题与视频内容不搭，这些问题 UP 主都需要注意。

比如某知名 UP 主所发布视频的标题就非常吸引眼球，能戳中观众的痛点，所以他的视频播放量、点赞量、评论数都很高。如图 10-30 所示，为该知名 UP 主发布的视频截图。

图 10-30　"我是郭杰瑞"发布的视频截图

（3）制造观众预期。

这里所说的预期是指所发布的视频能够实现何种结果，也就是说你先为观众制造一个预期，然后观众为了实现此预期而点开你的视频，这种方法一般用于科普教育类的视频标题写作。比如，教观众 PS 技巧，视频标题给出的预期是从入门到精通，那么有兴趣的观众就会为了学会并精通 PS 而打开视频。如图 10-31 所示，为某 UP 主发布的视频截图。

（4）蹭知名度。

蹭知名度也是有方法的，不能生搬硬套，而是要间接地蹭名人热度，下面总结了几种蹭知名度的技巧供大家参考。

一是蹭名人的知名度。这个很好理解，有钱、有才、有流量的人都可以成为你所蹭知名度的对象，并且你可以把他的热度很好地利用起来。你可以将该名人写入标题中，这样当其他用户来搜索该名人的时候，平台就会将你的视频推荐给他，曝光的机会也会大大增加。

二是蹭头衔。这个大家可能不太好理解，举个例子，某知名主播被人称为"口红一哥"，这个"口红一哥"就是他的头衔。头衔可以是自己为自己设定的，也可以是大众所起的。

图 10-31　某 UP 主发布的视频截图

比如，哔哩哔哩有一个叫"低调上传"的 UP 主发布了一个标题为"我应该是全 B 站年纪最小达到十万粉的 up 主了吧"的视频，该标题的写作就是用了蹭头衔的方法，即全 B 站年纪最小达到十万粉的 UP 主就是他所蹭的头衔。如图 10-32 所示，为"低调上传"发布的视频截图。

图 10-32　"低调上传"发布的视频截图

三是蹭品牌的知名度。比如你发布了一个自制酱香鸭的视频，给你两个标题选择，一个是《原来在家自制酱香鸭这么简单》，另一个是《原来在家自制"周黑鸭"这么简单》，你觉得哪一个标题的吸引力更大一些？显而易见是第二个。所以 UP 主要学会蹭品牌的知名度为自己的视频增加流量。

（5）巧用数字和空格。

为什么要巧用数字呢？因为它的辨识度高。当用户在刷 B 站的时候，首先映入眼帘的就是数字标题和带有空格的标题。因为它们的不同会让视频脱颖而出，成功抓住用户的眼球，吸引用户点击观看。如图 10-33 所示，为巧用数字的视频标题案例。

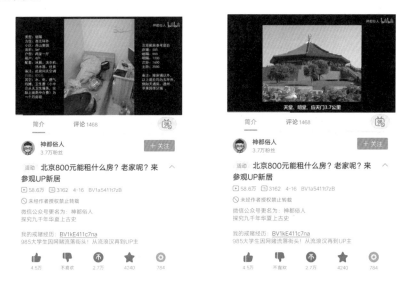

图 10-33　巧用数字的视频标题案例

3. 打标签

哔哩哔哩平台的打标签与抖音、快手、视频号的添加话题差不多，一般来说标签越多越好，这样能增加曝光的机会。但是标签不要分得太细，也不要太笼统，除了要符合视频内容外，还应该考虑到用户的搜索习惯，如图 10-34 所示。

4. 封面

UP 主在哔哩哔哩平台上面发布视频，想要吸引更多的关注，那么对视频封面就要重视起来。封面的好坏会直接影响用户会不会点进你的视频观看，尤其是使用与明星相关的封面是很有吸引力的，用户可能对你的视频兴趣不大，但是看到封面是自己喜欢的明星，还是会点进视频观看的。

首先你的封面应该是清晰的、干净的，这样视觉效果会比较好；其次你的封面应该吸引人，有重点，并且重点内容能引起大部分人的兴趣。

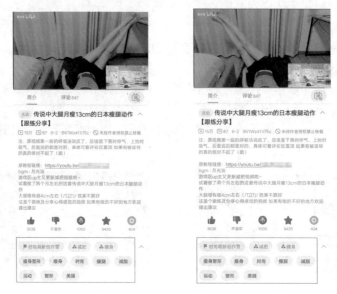

图 10-34　添加标签

第 11 章

直播营销，用户为主

学前提示

　　直播营销是当下比较火的一种电商形式，但是并不是所有的直播营销都是成功的。直播营销想要获得成功，就应该有一个周密的策划流程，如果只是敷衍了事，很难获得用户的关注和追捧。

　　那么如何策划才能做好直播营销呢？本章主要来回答这个问题。

要点展示

- 直播主题，不可或缺
- 优质内容，吸引流量
- 直播推广，7 种方式

11.1 直播主题，不可或缺

主播想要做好直播营销，第一步就是选好直播的主题。一个引人注目的优秀标题是传播广泛的直播不可或缺的。因此如何确立直播主题，吸引用户观看直播是直播营销中最关键的一个步骤。俗话说"好的开头是成功的一半"，选好直播的主题也是如此。

11.1.1 明确目的，做好准备

主播要明确直播的目的，是想要营销，还是要提升知名度？如果主播只是想要提高销售量，就将直播主题指向卖货的方向，吸引用户立马购买；如果主播的目的是通过直播提升主播知名度和品牌影响力，那么直播的主题就要策划得宽泛一些，最重要的是要具有深远的意义。直播的目的大致可以分为 3 种类型，即：短期营销、持久性营销、提升知名度。

主播在策划直播的主题时，应该从自身产品的特点出发，结合其他店家的特点，突出自己的优势，或者直接在直播中教给用户一些实用的知识和技巧。这样一来，用户就会对店家产生好感，或许还会成为店家的"铁杆粉丝"。

例如，淘宝直播中有一个叫"明明 baby"的商家，专门为女孩提供定制衣服，店内所有服装的款式都主打"显瘦"的效果，吸引了不少粉丝。在该商家的直播中，不仅有产品的直接展示，而且还会告诉用户怎样选择适合自己身材的衣服，让用户感觉购物的同时还可以学到不少知识。如图 11-1 所示，为该淘宝店家的直播页面。

图 11-1 淘宝店家直播页面

从图 11-1 中可以看出，店家在直播中推送了模特的身高和体重，可以让买家进行参考。很多用户看到之后就会觉得很实用，同时也有效抓住了女性的爱美心理，使得用户与店家紧密联系。

许多用户在观看完直播后都能得到一定的收获，所以也会对下次直播会带来哪些精彩内容充满期待。这就是持久性营销的直播目的，为了实现销售的长久性，全力黏住、吸引用户。

11.1.2　用户为主，迎合口味

在服务行业有一句经典的话叫作"每一位顾客都是上帝"，在直播行业用户同样也是这样，因为他们决定了直播的火热与否。没有人气的直播是无法经营维持下去的。因此，直播主题的策划应以用户为主，从用户的角度切入。

从用户的角度切入，要注意以下 3 点。

（1）引起用户情感共鸣；

（2）调查用户喜爱的话题；

（3）让用户投票选主题。

从用户角度切入，最重要的是了解用户究竟喜欢什么，对什么感兴趣。有的直播为什么如此火热？用户为什么会去看？其中一个重要的原因就在于这些直播迎合了用户的口味。

现在关于潮流和美妆的直播是比较受欢迎的，因为直播的受众大多是年轻群体，对于时尚有自己独特的追求，比如"清新夏日，甜美时尚减龄搭""小短腿的逆袭之路""微胖女孩的搭配小技巧"等主题都是用户所喜爱的。而关于美妆的直播更是受到广大女性用户的热烈追捧。

例如，淘宝直播有一个名叫"得米大码女装"的主播，专门直播微胖女生的穿搭技巧。在直播中，主播亲自试穿不同的服装，为用户展现如何利用服装搭配的技巧来掩盖身材的缺点，如图 11-2 所示。同时，如果用户觉得主播试穿的衣服也适合自己的话就可以点击相关链接直接购买，如图 11-3 所示。

美妆的直播也是如此。除此之外，各种新鲜热点、猎奇心理等主题也能勾起用户的兴趣，主播需要从身边的事情挖掘，同时多多关注那些成功的直播是怎么做的，这样才能策划出一个完美的主题。当然，用户自己投票选择主题也是体现从用户角度切入的一个点。一般模式的直播都是主播决定主题，然后直接把内容呈现给用户。

为了迎合用户的喜好，主播需要准备好"打一场无准备之仗"，即按照用户的意愿来。主播要随机应变，积极调动用户参与的积极性。投票的另一种方法就是直播之前投票。比如平台方可以在微信公众号、微博等社交软件发起投票，让用户选择自己喜爱的主题。

图 11-2　"得米大码女装"直播

图 11-3　直播中的购买链接

11.1.3　抓住热点，抢占先机

在互联网时代，热点就代表了流量，因此，及时抓住时代热点是做营销的不二选择。在这一点上，主播要做的就是抢占先机，迅速出击。举个简单的例子，如果一名服装设计师想要设计出一款引领潮流的服装，那他就要有对时尚热点的敏锐眼光和洞察力。确立直播主题也是如此，一定要时刻注意市场趋势的变化，特别是社会的热点所在。

总之，既要抓住热点，又要抓住时间点，同时抓住用户的心理，这样才能确定一个优秀的直播主题。那么主播应该如何根据热点策划直播内容呢？在直播内容策划中，抓住热点做直播应该分 3 个阶段来进行，具体内容如下。

1．策划开始阶段

在这一阶段，直播营销和运营者首先要做的是一个"入"和"出"的问题。所谓"入"，就是怎样把热点切入直播内容中，这是需要找准一个角度的，应该根据产品、用户等的不同来选择合适的切入角度。所谓"出"，就是怎样选择直播内容的发布渠道，这就需要找准合适的直播平台，应该根据自身直播内容分类、自身在各直播平台的粉丝数量以及直播平台特点来选择。

比如，可以与游戏结合的产品和直播内容，就应该以那些大型的主打游戏的直播平台为策划点，如斗鱼直播、虎牙直播等。如图 11-4 所示，为斗鱼直播

App 页面；如图 11-5 所示，为虎牙直播 App 页面。

图 11-4 斗鱼直播 App 页面

图 11-5 虎牙直播 App 页面

2. 策划实施阶段

在直播内容有了策划的产品切入角度和合适的平台选择等基础外，接下来就是在上述基础上进行具体的内容准备。

首先，策划者应该撰写一篇营销宣传的文案，以便实现直播营销更快变现。因此在撰写文案时，策划者应该抓住热点和受众兴趣的融合点进行文案的撰写。

其次，应该在整体上对直播内容进行规划布局，这是根据热点策划直播内容整个过程中的主要内容，具体应该注意以下 3 个方面。

（1）在直播中加入引导，巧妙地体现营销产品。

（2）主播在直播过程中，应该注意讲述的方式。

（3）在直播内容安排上，应该注意讲述的顺序。

3. 策划输出阶段

热点其实是有时效性的，所以直播内容的输出也应该在合适的时间点呈现出来，既不能在热点完全过时的时候，因为那时已出现了新的热点，原有的"热点"就不再是热点了，又不能在热点还只是刚刚萌芽的时候呈现，除非企业自身有着极大的品牌影响力的情况下，否则可能因选择不当而错失方向和机会，也可能是为其他品牌宣传做了嫁衣。

因此，策划者在策划直播内容输出时，应该找准时间点，又快又准地击中用户的心，吸引他们的关注。其实，把握热点话题来策划直播内容是一种非常有效的营销方式，具有巨大的营销作用，具体如下。

（1）以热点吸引到大量的用户关注，增加直播内容受众。

（2）以热点的传播和用户参与来引导产品广泛销售出去。

11.1.4　打造噱头，锦上添花

制造一个好的话题也是直播营销成功的法宝。当然，制造话题也是需要技巧的，利用噱头来打造话题会使很多用户为此瞩目。所谓噱头，即看点和卖点。巧用噱头打造话题令用户为之兴奋。如何利用噱头来打造话题呢？从不同的角度来分，可分为以下3类。

（1）引用关键热点词汇做噱头；

（2）抛出关于主播的噱头；

（3）通过爆炸性新闻当噱头。

在策划直播主题时，主播要学会利用热点词汇来做噱头，吸引目标用户的注意。例如，在《文坛》相声中有一句话："干干巴巴的，麻麻赖赖的，一点儿都不圆润，盘他！" 这句话原本的笑点在于不管是什么东西都能盘，遇到什么盘什么。后来被很多主播用于直播的带货中，用于力推产品，让用户买它。

很多主播在直播中也借助这个关键词，吸引用户的眼球。类似的热点词汇还有很多，比如618购物节期间，最好的热点词汇就是"618"了。在直播中，商家也巧妙地借用"618"这个关键词来吸引用户流量。例如，淘宝直播中有一个主播的直播主题就采用了这个热词，叫"618爆款福利返场"，如图11-6所示。

由此可见，打造噱头主题时借鉴热点词汇是一个相当实用的技巧，能成功地引起人们的共鸣，同时获得人气和收益。成功的直播主题策划需要能吸引用户前来观看，因此打造噱头成为一种针对性文档方式，但最重要的还是从各个方面综合考虑为好。

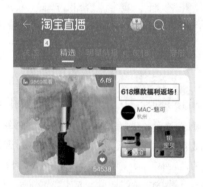

图11-6　利用热词打造直播主题

11.1.5 围绕特点，展现优势

如果主播想要让用户从头到尾完整地将直播看完，那么就一定要围绕产品特点来做直播主题策划。因为你要向用户全面展示产品的优势和与众不同的地方，这样用户才会产生想要购买的欲望。

围绕产品特点的核心就是"让产品做主角"。有的主播在直播时，将产品放在一边，根本没有向用户详细介绍产品的优势和特点，一味给用户讲一些无关紧要的东西；有的主播一开始直播就滔滔不绝地介绍产品，丝毫没有其他的实用技巧。这两种直播方法都是不可取的，对主播的营销来说百害而无一利。

主播们必须清楚地认识到：产品是关键，产品才是主角，直播的目的就是让产品给用户留下深刻印象，从而激发用户的购买欲。那么"让产品当主角"具体该怎么做呢？这里有 3 个基本做法，即：主播讲话要与产品相关、主播的动作要联系产品、将产品放在主播旁边。

当然这些都需要运营者在直播之前做好相关准备，这样才能在直播时有条不紊。例如，淘宝直播中有一个卖家具的商家，在直播中展示了产品的相关信息，如图 11-7 所示。她的直播内容也全都是围绕产品进行，比如家具的特色、质地等，用户可以边看直播边点击链接购买，如图 11-8 所示。

图 11-7　商家对家具进行展示

图 11-8　家具的购买链接

由此可以看出，用户看以销售为目的的直播是因为对其产品感兴趣。因此，直播主题策划就应该以产品为主，大力宣传产品的优势、特点，只有这样，用户

才会观看直播，从而购买产品。

11.2 优质内容，吸引流量

利用直播进行营销，内容往往是最值得注意的。只有提供优质内容，才能吸引用户和流量。主播应结合多个方面综合考虑，为创造优质内容打下良好的基础。本节将从内容包装、互动参与、内容造势、突出卖点、内容攻心、口碑营销、事件营销、创意营销等方面介绍如何提供优质内容。

11.2.1 内容包装，增加曝光

对于直播的内容营销来说，它终归还是要通过盈利来实现自己的价值。因此，内容的电商化非常重要，否则难以持久。要实现内容电商化，首先要学会包装内容，给内容带来更多的额外曝光机会。

如图 11-9 所示，为淘宝直播中的内容包装案例。大家可以看到运营者都有利用一些话术将用户吸引到自己的直播间，也就是笔者所说的内容包装。

除了利用吸引人眼球的话术吸引用户外，直播营销最常用的手法就是将自己的内容与热点人物结合，利用那些名人自带的流量来为自己的直播间增加人气，吸引更多的消费者，卖出更多的产品。

图 11-9 淘宝直播中的内容包装案例

11.2.2 粉丝互动，非常关键

内容互动性是联系用户和直播的关键，直播推送内容或者举办活动，最终的

目的都是和用户交流。直播内容的寻找和筛选对用户和用户的互动起着重要的作用。内容体现价值，才能引来更多粉丝的关注和热爱，而且内容的质量不是从粉丝数的多少来体现，和粉丝的互动情况是非常关键的判断点。

11.2.3　直播内容，打动人心

直播的内容只有真正打动用户的内心，才能吸引他们长久关注。也只有那些能够留住与承载用户情感的内容才能获得成功。在这个基础上加上电商元素，就有可能引发更大、更火热的抢购风潮。

直播内容并不只是用文字等形式堆砌起来就完事了，而是需要将平平淡淡的内容拼凑成一篇带有画面的故事，让粉丝能边看边想象出一个与生活息息相关的场景，才能更好地勾起粉丝继续往下看的兴趣。简单点说，就是把产品的功能用内容体现出来，不是告诉粉丝这是什么，而是要告诉粉丝这个东西是用来干什么的。

11.2.4　口碑营销，快速传播

口碑营销，顾名思义，就是一种基于主播品牌、产品信息在目标群体中建立口碑，从而形成"辐射状"扩散的营销方式。在互联网时代，口碑营销更多的是指主播品牌、产品在网络上或移动互联网的口碑营销。比如，小米手机超高的性价比造就了高层次的口碑形象，利用直播和口碑让品牌在人群中快速传播开来。如图 11-10 所示，为淘宝直播中"小米官方旗舰店"的直播截图。

图 11-10　淘宝直播中"小米官方旗舰店"的直播截图

11.2.5　病毒营销，广泛传播

在计算机和生物界中，"病毒"都是一种极具传播性的东西，而且它还具有隐蔽性、感染性、潜伏性、可激发性、表现性或破坏性等特征。在直播营销中，病毒营销确实是一种好的方式，它可以让主播的产品或品牌在不经意中通过内容大范围传播到许多人群中，并形成"裂变式""爆炸式"或"病毒式"的传播状况。

例如，《你比想象中更美丽》是由著名女性品牌多芬发布的一部视频短片。据悉，该视频推出不到一个月，就收获了 1.14 亿的播放量、380 万次转发分享，同时多芬还因此获得了 1.5 万个 YouTube 订阅用户。

多芬通过在全球范围做相关内容的调查，得出一个惊人的结论：54% 的女性对自己的容貌不满意。因此，在《你比想象中更美丽》视频中，塑造了一个人像预测素描专家——Gil Zamora 这么一个人物。

他可以在不看对方容貌的情况下，只通过女性自己的口头描述便可以描绘出她们的素描画像。然后，Gil Zamora 再通过其他人对同一位女性的印象再画一张画像。通过将这两张画像对比，Gil Zamora 发现同一个女性人物在其他人眼中要远远比在自己眼中更漂亮。

动人心弦的视频内容，再加上联合利华公司的病毒式营销手段，通过将视频翻译成 25 种不同的语言，以及 YouTube 下面的 33 个官方频道同步播放，其内容很快扩散到了全球 110 多个国家和地区，使多芬取得了巨大的成功。

11.2.6　事件营销，结合热门

直播中采用事件营销的意思就是通过对具有新闻价值的事件进行操作和加工，然后让这一事件变成带有宣传特色的事件继续得以传播，从而达到实际的广告效果。事件营销能够有效地提高主播的知名度、美誉度等，也能在一定程度上提高产品的营销转化率。也就是说优质的内容甚至能够直接让主播树立起良好的品牌形象，从而进一步地促成产品或服务的销售手段。

运营者或者是主播可以关注一些流量比较大的平台的热门事件，如微博话题榜、抖音热搜榜和今日头条热点频道等。事件营销具有几大特性，分别为重要性、趣味性、接近性、针对性、主动性、保密性、可引导性等。这些特性决定了事件营销可以帮助你的 IP 变得火爆，这样不仅能提升你的账号的影响力，而且还能提高账号变现的能力。

事件营销对于打造账号 IP 十分有利，但是，事件营销如果运用不当，也会产生一些不好的影响。笔者在这里总结了几个在事件营销中需要注意的问题，如图 11-11 所示。

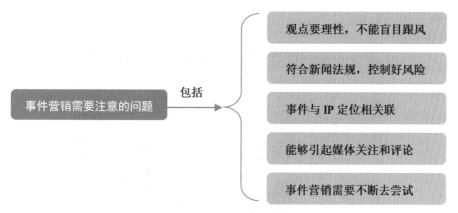

图 11-11　事件营销需要注意的问题

11.2.7　创意营销，新鲜有趣

创意不但是直播营销发展的一个重要元素，同时也是必不可少的"营养剂"。互联网创业者或主播如果想通过直播来打造自己或品牌的知名度，就需要懂得"创意是王道"的重要性，在注重内容质量的基础上更要发挥创意。

一个具有创意的内容能够帮助主播吸引更多的用户，创意可以表现在很多方面，新鲜有趣只是其中的一种，还可以是贴近生活、关注社会热点话题、引发思考、蕴含生活哲理、包含科技知识和关注人文情怀的。对于直播营销来说，如果内容缺乏创意，那么整个内容只会成为广告的附庸品，沦为庸俗的产品，因此主播在进行内容策划时，一定要注重创意性。

11.2.8　真实营销，抓住痛点

优质内容的定义也可以说是能带给用户真实感的直播内容。真实感听起来很容易，但透过网络这个平台再表现，似乎就不是那么简单了。

主播首先要明确传播点，即你所播的内容是不是用户想要看到的，你是否真正抓住了用户的要点和痛点，这是一个相当重要的问题。

举个例子，你的用户群大多都是喜欢美妆、服装搭配的，结果你邀请了游戏界的顶级玩家主播讲了一系列关于游戏技巧和乐趣的内容，那么就算主播讲得再生动、内容再精彩，用户不感兴趣，与喜好不相符合，脱离了真实感，这样，你的直播也不会成功的。

那么究竟要怎么做呢？用一个淘宝直播的例子来说明。比如"藜墨旗舰店"这个主播就十分受用户欢迎，因为她充满真实感，也很接地气。她推荐的东西也大多比较平价，而且每次介绍产品也不会用很夸张的语言，还亲自换装，给用户

展示服装的效果和服装的细节问题，如图 11-12 所示。

图 11-12　"藜墨旗舰店"的直播

可以看出，这个商家走的就是做真实内容的营销之路，同时也取得了良好的营销成绩。她成功的原因有哪些呢？首先，她明确了目标受众，也就是中低层年轻群体，收入一般；其次，她在直播中的行为、语言都是真实的；最后，她成功抓住了用户的需求点。

11.2.9　创新内容，"无边界"式

"无边界"内容指的是有大胆创意的、不拘一格的营销方式。比如平时常见的有新意的广告，iPhone、耐克等品牌的广告内容中没有产品的身影，但表达出来的概念却让人无法忘怀。由此可以看出"无边界"内容的影响力之深。

正如"无边界管理"最终演变成了"没有管理是最好的管理"一样，直播中的"无边界内容"也是一种与传统的内容完全不同的概念，也就是说，它是一种创新性的概念。

概括地说，"无边界内容"的直播营销，就是在直播中完全没有看到任何与产品相关的内容，但是直播所表达出来的概念和主题等却会给受众留下深刻的印象，让受众在接受直播概念和主题的过程中推动着它们迅速扩展，最终促成产品的营销。在传统的广告推广中，无边界内容的表现就有了经典的、很成功的案例。

现在很多主播做直播时，营销方式大多都比较死板。其实做直播也应该创新，

多多创造一些"无边界"的内容，吸引人们的兴趣。比如，耐克的广告全程展示的都是话语，未提及任何有关耐克产品的内容，但其所体现出来的那种不惧怀疑、勇于挑战的精神概念和主题却深入人心，它的广告语"You'd better bring, because I'll bring every I've got it.（你最好全心关注，因为我会全力以赴）"和"Just do it.（只管去做）"也被众多人所记住。

"无边界"内容指的是有大胆创意的、不拘一格的营销方式。如今，随着直播营销竞争的加剧，企业在进行直播内容创新时，可以考虑多创作一些"无边界"的内容，吸引人们的注意力。

例如，在淘宝直播中有一家专门卖电子产品的商家就十分有创意。该商家的直播内容以《王者荣耀等手游面临下架，竟因这个》为题，这让人一开始很难想到这家店铺是为了卖电脑等产品而做的直播。

很多人都以为这是一个日常的直播，没想到后来竟弹出了相关产品的购买链接，而且直播中还讲述了一些与游戏相关的知识，不看到产品链接根本无法联想到是电子产品的营销。这样无边界的直播内容更易被用户接受，而且会悄无声息地引发他们的购买欲望。当然，主播在创作无边界的内容时，一定要设身处地地为用户着想，让用户更好地接受你的产品和服务。

11.2.10　增值内容，满足需求

在直播时，要让用户心甘情愿地购买产品，最好的方法是提供给他们产品的增值内容。这样一来，用户不仅获得了产品，还收获了与产品相关的知识或者技能，自然是一举两得，购买产品也会毫不犹豫。

那么，增值内容方面应该从哪几点入手呢？笔者将其大致分为3点，即陪伴、共享以及让用户学到东西。典型的增值内容就是让用户从直播中获得知识和技能。比如天猫直播、淘宝直播、聚美直播在这方面就做得很好。

一些利用直播进行销售的商家纷纷推出产品的相关教程，给用户带来更多软需的产品增值内容。例如，淘宝直播中的一些化妆直播，一改过去长篇大论介绍化妆品成分、特点、功效、价格、适用人群的老旧方式，而是直接在镜头面前展示化妆过程，边化妆边介绍产品。

在主播化妆的同时，用户还可以通过弹幕向其咨询与化妆有关的问题，比如，"油皮适合什么护肤产品？""皮肤黑也能用这个色号的BB霜吗？""什么口红色号比较显白呢？"等等，主播也会为用户耐心解答。这样用户不仅通过直播得到了产品的相关信息，而且还学到了护肤和美妆的窍门，对自己的皮肤也有了比较系统的了解。用户得到优质的增值内容自然就会忍不住想要购买产品，直播营销的目的也达到了。

11.3　直播推广，7种方式

随着互联网营销的不断发展，各种各样有助于营销的信息工具和软件平台应运而生。学会将直播推广出去，也是直播营销中不可或缺的一环。就算主播介绍得再好，内容再优质，如果没有恰当的推广，那么营销效果也无法达到最佳。本节介绍在直播中推广的方法和诀窍。

11.3.1　社交网络，推广预热

在直播前对直播进行推广预热是十分有必要的，只有这样才能保证有一定的流量。比如，在微博平台，用户只需要用很短的文字就能反映自己的心情或者发布信息的目的，这样便捷、快速的信息分享方式使得大多数主播、商家和直播平台开始抢占微博营销平台，利用微博"微营销"开启网络营销市场的新天地。

在微博上引流主要有两种方式，分别是展示位展示相关信息，以及在微博内容中提及直播。更为常见的就是在微博内容中提及直播或者相关产品，增强宣传力度和知名度。例如，各大直播平台都开通了自己的微博账号，而主播、明星、名人也可以在自己的微博里分享自己的直播链接，借此吸引更多粉丝。

微信与微博不同，微博是广布式，而微信是投递式的营销方式，引流效果更加精准。尤其是微信的朋友圈，微信运营者可以利用朋友圈的强大社交性为自己的微信公众平台吸粉引流。因为与陌生人相比，微信好友的转化率较高。例如，我们可以将直播链接分享到朋友圈，如图11-13所示。微信好友轻轻一点就可以直接观看直播，如图11-14所示。

图11-13　朋友圈推广直播

图11-14　点击观看直播

这种推广方法对于刚刚入门的主播更为适用，因为熟人会更愿意帮助推广，逐渐扩大影响力，这样才能吸引新用户的注意，获得更多流量。

11.3.2　自身口碑，方便高效

作为本身口碑就较好或者规模较大的主播，在推广直播时，可以利用自身的口碑来进行推广。那么应该怎么做呢？下面介绍两种最典型也最有效的方式。

1. 自有平台和自媒体推广

现在一般的主播都会拥有自己的自平台，因此在做直播营销时，就可以利用自平台来推广自己的品牌。例如，小米会在自己的官方网站推送直播消息，京东会在京东商城推送京东直播的消息等。

小米利用官网进行直播推广，能获得更大的浏览量，用户可以通过官网第一时间了解小米的直播动态。首先就是官网推广，接下来才是微博、微信公众号等地方的推广。利用自有平台推广直播，更能培养粉丝的忠诚度。

此外自媒体推广也是利用口碑推广的一种绝佳方法。例如，小米的很多直播，都是雷军等自媒体大咖主持的，吸引了很多的用户。因为产品的创始人能以自身的魅力获得用户的青睐，所以他们往往是推广直播的最佳自媒体。他们可以利用自身强大的影响力，在微信个人号、朋友圈、微博、QQ 空间中推广直播，这样效果更加明显。

大主播可以凭借自身的品牌影响力来做直播推广，无论是主播的自平台，还是公众号都可以进行。这就是大主播的优势所在。当然，如果小主播想要利用这种方式进行推广，可以主动申请创建自平台。

2. 利用展览、会议等提升热度

品牌主播可以通过举办展览、开会等方式进行直播推广，因为这些活动通常会引得众多媒体纷纷参与，从而提升主播的品牌影响力。在此过程中，为了宣传主播的品牌，可以加入直播，从而达到推广直播的目的。那么，具体应该怎么做呢？笔者总结为 3 点，即发传单、做 PPT 展示、制作宣传册或纪念品。

总之，利用口碑和品牌进行推广是一种方便又高效的推广方式，只要运用恰当，就会取得良好的成效。

11.3.3　论坛推广，内容丰富

论坛是为用户提供发帖回帖的平台，它属于互联网上的一种电子信息服务系统。在传统的互联网营销中，论坛社区始终是较为重要的一个推广宣传平台。一般情况下，早期的目标用户都是从论坛社区中找到的，再通过发掘、转化，提高用户的核心转化率，逐步打造品牌。

在论坛中进行直播推广，最重要的就是找准热门论坛，然后投放直播信息。比如，搜狐社区、天涯社区、新浪论坛、贴吧、博客等都是当前人们的论坛代表。

在这里投放直播信息的步骤分为：首先，收录相关论坛；其次，在收集的论坛里注册账号；再次，撰写多篇包括直播推广内容的软文，保存好；最后，每天在这些热门论坛有选择性地发帖，做好相关记录，如果帖子沉了，用马甲号顶上。

值得注意的是，如果想要让用户关注你的帖子内容，并注意到你所推广的直播信息，就要多在论坛中与用户互动。在互动之后，论坛中关于直播的内容就会渐渐走入用户的视野，相应地直播也就得到了推广。

在论坛社区推广中，首先考虑的主要还是一二线城市中影响力较大的平台。先通过仔细观察论坛的一些规则与玩法，持续地参与到论坛中去，做到论坛版主、小编，能够为自身的软件推广创造更多的机会。

11.3.4 软文推广，两种技巧

软文推广主要是针对一些拥有较高文化水平和欣赏能力的用户，对于他们而言，文字所承载的深刻文化内涵是很重要的。所以，软文推广对于各大营销方式来说都很实用。

在直播营销中，软文推广也是不可缺少的，而如何掌握软文推广技巧则是重中之重。随着硬广告渐渐退出舞台，软文推广的势头开始上涨，而且以后还会慢慢占据主导地位。例如，当年的"必胜客""凡客诚品"都巧妙地通过软文推广宣传了口碑，有效提升了品牌的影响力，从而创下了惊人的销售业绩。

当然，这都是因为他们掌握了一定的软文推广技巧，那么，在软文直播推广中，我们应该怎么做呢？下面介绍两种软文直播推广的技巧。

1. 原创软文＋关键词

原创是创作任何内容都需要的，软文直播推广更是少不了原创。只有原创才能吸引人们的兴趣。在直播营销推广中，关键词的选取是软文写作的核心。如何选取关键词也有相关的标准，如实用价值、略带争议、独特见解。

2. 热门网站＋总结经验

当你有了优秀的软文推广内容，接下来就该找准平台发布软文，再推广直播信息了。像一些人气高的网站往往就是软文发布的好去处，而且发布之后还可在网站上与他人交换经验。

目前网上已经有了一些专业的软文发布平台，另外，还可以将软文推广发布在博客论坛等平台，效果也都不错。

当然，在网站上发布软文直播推广也有不少注意事项，总结为以下3点。

（1）标题要正中要点；

（2）正文要呈现直播内容、主播信息；

（3）发送直播发布的网址。

不要以为发完直播软文就万事大吉了，发完之后总结经验也是相当重要的。例如，用户喜欢哪一类软文、为什么有的软文没有达到预期效果、软文发布到哪个平台反响最好等。主播在平时的工作中多多总结并积累经验，就能够使得软文推广效果越来越好，有助于推广直播信息，从而吸引更多用户观看。

11.3.5　联盟推广，集多平台

对于直播营销来说，没有用户就没有影响力，因此吸引用户流量是直播营销的生存之本。

在进行直播内容传播时，切不可只依赖单一的平台，在互联网中讲究的是"泛娱乐"战略，直播平台可以围绕内容定位为核心，将内容向游戏、文学、音乐、影视等互联网产业延伸，以此来连接和聚合粉丝情感，实现高效引流。

在"泛娱乐"战略下，直播平台可以将自己创作的优质内容实现跨新媒体平台和行业领域来进行传播，使内容延伸到更加广泛的领域，吸引更多的粉丝来关注。直播平台和主播可以借助各种新媒体平台，让内容与粉丝真正建立联系，同时，这些新媒体还具有互动性和不受时间空间限制的特点。

11.3.6　地推 + 直播，新兴推广

地推作为营销推广方式的一种，主要是利用实际生活中的地推活动获取更大的网上流量，进而达到推广效果的最优化。打个比方，为了宣传一个品牌，你在学校做了一场活动，主要是通过发传单或者做演讲的形式让路人了解。

这样的推广效果往往是很有限的，因为宣传的影响范围比较窄。但如果你在做活动的同时进行直播，就会有更多的人从网上了解这个活动，尽管他可能不会来到活动现场，但他还是通过直播知道了这件事情，于是品牌在无形之中得到了推广。

地推是一种传统的推广方法，与直播相结合是不可更改的趋势。两者相结合能够最大限度地发挥出营销的效果，是一件两全其美的事情。

那么"地推 + 直播"的模式的优势到底体现在哪些方面呢？笔者总结为 3 点，即粉丝较多、参与度高、传播范围更广。

11.3.7　借势造势，联合推广

借势推广是抓住热点的一种推广方法，热点的传播速度就如同病毒蔓延一般，让人猝不及防。直播想要获得更多的浏览量，就需要借助热点事件的影响力。此

外，"借势＋手机通知栏推广"模式也是一种比较好的直播推广方法，值得各大主播借鉴应用。

除了借势推广，造势推广也是主播需要学会的推广技巧。造势的意思就是如果没有热点事件可以借势，就自己制造出热点事件，引起用户注意。

造势推广需要一个过程，首先在直播还没开始前就应该营造气氛，让用户知道这件事情，以便直播开始时有一定基础的用户关注；其次是主题的确定，主播应该根据产品的特色来设计直播的主题；最后是主播的选择和邀请明星，通过透露消息来吸引用户，使用户心甘情愿地为直播买单。

直播造势推广的方法多种多样，最典型的就是众多大主播常用的利用自身品牌、代言人等造势。因为其本身的存在就是一种势，在要进行直播时，只要他有意营造氛围，那么这样的造势推广就自然会夺人眼球。例如，淘宝在自己的直播平台利用"淘宝购物节"吸引用户的关注。在直播没开始之前，淘宝首页就已经开始宣传，造势推广的效果很不错。

不管是借势推广还是造势推广，都要主播付出一定的努力和心血，只有细心经营才能助力直播，使其变得火热起来，从而达到营销的目的。

第 12 章

数据分析，研究用户

学前提示

　　和传统的营销推广方式不同，网络营销是一种更为主动的营销。也就是说新媒体运营者需要以发展的眼光看待用户、主动收集和分析用户数据以及内容数据。

　　运营者通过数据既可以寻找吸引关注的热点内容，又可以分析新增的用户和流失的用户。本章主要以微信公众号为例来讲解通过数据分析问题，所讲的这些内容同样适用于其他新媒体平台。

要点展示

- 用户数据，分析流程
- 数据平台，寻找热点
- 分析用户，得到信息

12.1 用户数据，分析流程

数据能够给我们最好的答案，想要分析数据，就必须学会数据分析的流程，一般来说，数据分析包括收集数据、整理数据、选择形式、分析数据和得出结论等流程，下面进行简单介绍。

12.1.1 收集数据，多个平台

如何收集数据是所有网络营销运营者需要思考的一个问题，对于大多数的运营者来说，主要的数据来源就是平台的一系列数据，这些数据具有很大的参考价值。下面介绍几种主流的数据平台。

1. 微信公众平台

微信公众平台是每个微信运营者都必须重点关注的地方，微信公众平台的统计功能模块下，有6大分析项目，分别是用户分析、图文分析、菜单分析、消息分析、接口分析和网页分析。

在这些项目中，每一个指标下都会有趋势图，这些趋势图是通过折线的形式表现出来的，不需要运营者自己再去制作图形，运营者通过这些折线图，能够一目了然地进行数据分析。如图12-1所示，为用户分析项目中"新增人数"的趋势图。

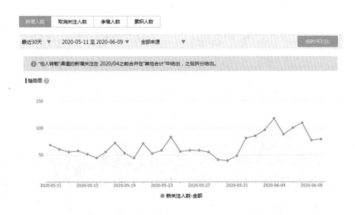

图12-1 用户分析项目中"新增人数"的趋势图

除了查看趋势图数据之外，运营者还可以直接获得原始数据，然后根据自己的需要对原始数据进行后期加工处理，具体的操作方式是在下面的数据表格中单击"下载表格"按钮，然后就能将数据导出到Excel表格中，如图12-2所示。

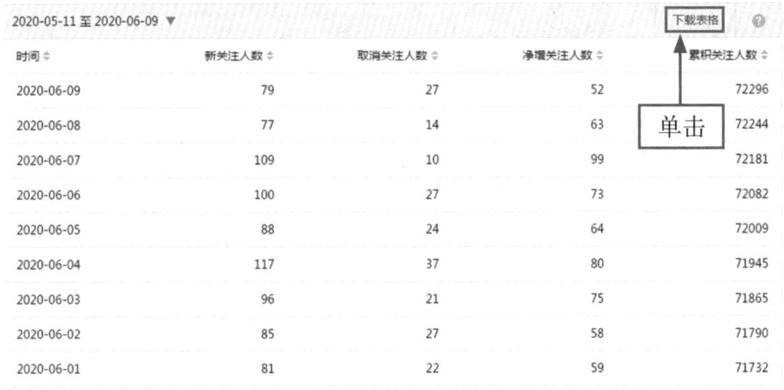

时间	新关注人数	取消关注人数	净增关注人数	累积关注人数
2020-06-09	79	27	52	72296
2020-06-08	77	14	63	72244
2020-06-07	109	10	99	72181
2020-06-06	100	27	73	72082
2020-06-05	88	24	64	72009
2020-06-04	117	37	80	71945
2020-06-03	96	21	75	71865
2020-06-02	85	27	58	71790
2020-06-01	81	22	59	71732

图 12-2　单击“下载表格”按钮

2. 新榜平台

有一个为微信公众号内容进行价值评估的平台，微信运营者一定要知道，这个第三方机构平台就是新榜。

目前，新榜平台上有超过 1000 万个微信公众号，对超过 24 万个有影响力的优秀账号实行每日固定监测，从而发布影响力排行榜。通过新榜平台，微信运营者可以查询某公众号的排名情况，还可以查询统计周期内的其他数据，包括发布数据、总阅读数、头条阅读数、点赞数、当日排名数据。

3. 清博平台

清博是一个大数据平台，目前拥有超过三百万微信粉丝的社交矩阵，与 BAT 三大巨头、网易、今日头条等互联网公司有深度合作。

在清博指数平台上，微信运营者只要在首页输入微信公众号的 ID 或者名称，就能看到其微信公众号排名情况。通过清博平台，还可以收集以下数据，具体包括排名、活跃粉丝数、阅读数、点赞数等。

12.1.2　整理数据，先导后整

要整理数据，首先就要将后台的数据导出来，将后台的数据导出来之后，就要对数据进行一定的整理，整理的方法有很多，例如以下几种。

（1）剔除多余、无用的数据或元素，以免对后面的数据分析造成干扰。先选中不要的内容，单击鼠标右键，然后选择“清除内容”命令，如图 12-3 所示。

（2）对数据进行简单的计算，以发现更多的信息点，为后面的数据分析打下基础，数据的计算包括求和、平均数等；通过求和计算得出 2020 年 5 月 11 日至 2020 年 6 月 9 日，新增关注人数为 630 人，取消关注的总人数为 304 人，净增关注人数为 326 人，如图 12-4 所示。

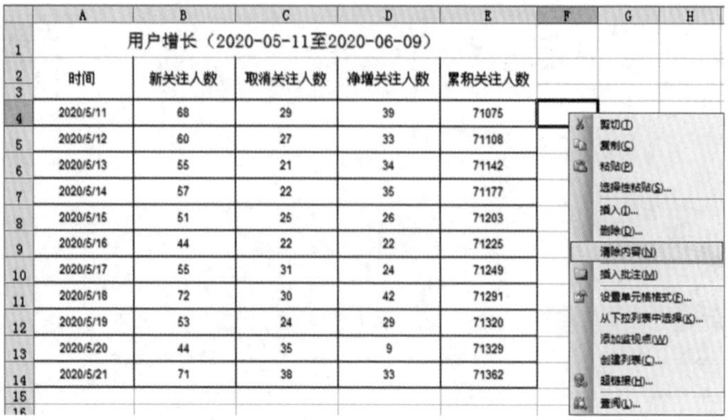

用户增长（2020-05-11至2020-06-09）				
时间	新关注人数	取消关注人数	净增关注人数	累积关注人数
2020/5/11	68	29	39	71075
2020/5/12	60	27	33	71108
2020/5/13	55	21	34	71142
2020/5/14	57	22	35	71177
2020/5/15	51	25	26	71203
2020/5/16	44	22	22	71225
2020/5/17	55	31	24	71249
2020/5/18	72	30	42	71291
2020/5/19	53	24	29	71320
2020/5/20	44	35	9	71329
2020/5/21	71	38	33	71362

图 12-3　删除不需要的元素

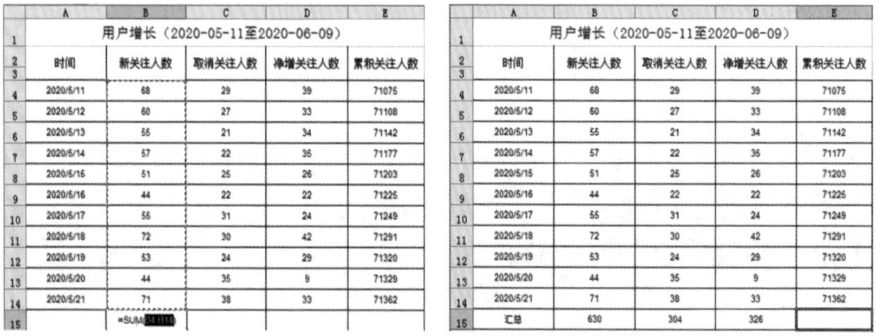

用户增长（2020-05-11至2020-06-09）				
时间	新关注人数	取消关注人数	净增关注人数	累积关注人数
2020/5/11	68	29	39	71075
2020/5/12	60	27	33	71108
2020/5/13	55	21	34	71142
2020/5/14	57	22	35	71177
2020/5/15	51	25	26	71203
2020/5/16	44	22	22	71225
2020/5/17	55	31	24	71249
2020/5/18	72	30	42	71291
2020/5/19	53	24	29	71320
2020/5/20	44	35	9	71329
2020/5/21	71	38	33	71362
	=SUM(B4:B14)			

用户增长（2020-05-11至2020-06-09）				
时间	新关注人数	取消关注人数	净增关注人数	累积关注人数
2020/5/11	68	29	39	71075
2020/5/12	60	27	33	71108
2020/5/13	55	21	34	71142
2020/5/14	57	22	35	71177
2020/5/15	51	25	26	71203
2020/5/16	44	22	22	71225
2020/5/17	55	31	24	71249
2020/5/18	72	30	42	71291
2020/5/19	53	24	29	71320
2020/5/20	44	35	9	71329
2020/5/21	71	38	33	71362
汇总	630	304	326	

图 12-4　数据计算

（3）对于一些需要特别注意的数据，为了不在后面的分析中将其遗忘，可以将其标注出来，例如改变数据颜色、字体，为单元格填充颜色等，改变数字颜色只要单击“字体颜色”按钮，就能选择想要的颜色，如果要进行其他标注，可以选中数据，然后更改数据所在单元格的格式，如图 12-5 所示。

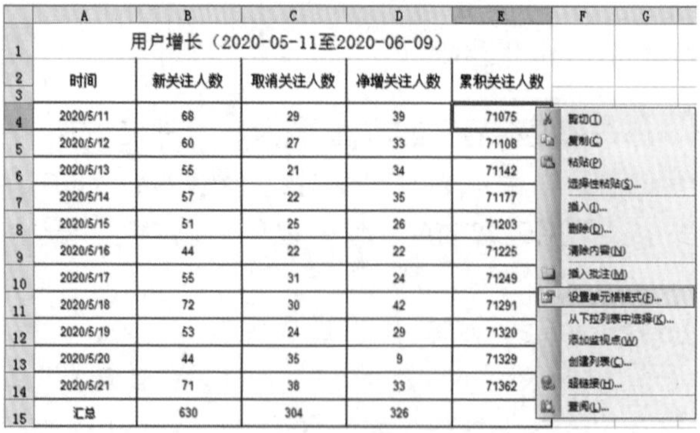

用户增长（2020-05-11至2020-06-09）				
时间	新关注人数	取消关注人数	净增关注人数	累积关注人数
2020/5/11	68	29	39	71075
2020/5/12	60	27	33	71108
2020/5/13	55	21	34	71142
2020/5/14	57	22	35	71177
2020/5/15	51	25	26	71203
2020/5/16	44	22	22	71225
2020/5/17	55	31	24	71249
2020/5/18	72	30	42	71291
2020/5/19	53	24	29	71320
2020/5/20	44	35	9	71329
2020/5/21	71	38	33	71362
汇总	630	304	326	

图 12-5　标注数据

12.1.3 选择形式，客观清晰

数据其实可以有很多种表现形式，纯数据的表格形式往往会让人一下看不到重点，所以整理好数据后，就要将数据的形式进行转变，以方便运营者观察数据。如图 12-6 所示，为 2020 年 5 月 11 日至 5 月 21 日新增关注人数的柱形图。

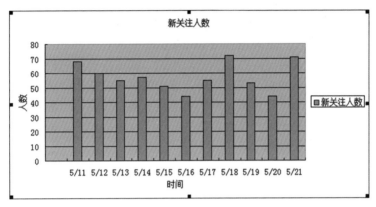

图 12-6　5 月 11 日至 5 月 21 日新增关注人数的柱形图

关于数据的表现形式，笔者总结出了以下几点内容供大家参考，具体如图 12-7 所示。

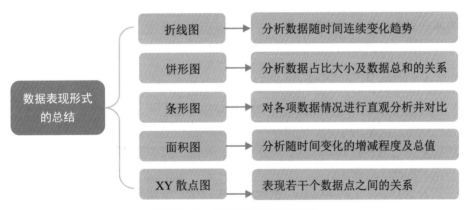

图 12-7　数据表现形式的总结

12.1.4 分析数据，找出原因

收集数据、整理数据之后，就需要将数据进行对比，分析趋势变化并且找出其中的一些特殊点，再结合平台具体的运营情况进行分析。例如，看到某个时间段，阅读量暴增或者骤减，这个时候运营者就必须去了解这些时间段内推送的文章是什么，有什么特点，查出导致阅读量暴增或者骤减的原因。

平台的新增用户在某个时期持续性地暴增，那么很有可能微信公众平台在这个时间里发布活动了，但也有可能是其他原因导致平台用户持续增长。运营者需要根据这些数据，将深层次的原因找出来，为以后的平台运营积累经验。

12.1.5　纵观全局，得出结论

分析完数据后，就要得出结论了，结论通常是用来解释造成这种数据的原因，运营者通常要纵观全局，才能发掘出最深层次的原因。

例如，对于某个开全国连锁店的商家来说，通过企业微信公众平台发现某个省的用户比较多，比其他省要高出很多。这个时候，企业的微信平台运营者就需要分析为什么会出现这样的情况，运营者需要从多个角度提出设想，进行对比分析，最后找出原因——发现是该省店铺的宣传工作做得更好，导致该省的用户数量比较多。

因此得出结论：一些小小的举动往往能够带来不可预料的结果。之后公司就可以将该省的这种宣传手段推行到其他地区的连锁店，来帮助提高企业微信公众平台的粉丝量。

12.2　数据平台，寻找热点

想要做好新媒体的运营，就必须了解一些寻找热点、打开营销道路的方式，只有平台本身聚集了话题和热点，才能获得用户的关注，而想要获得这些热点，就必须了解一些热点话题的来源方式。

12.2.1　百度指数，分析趋势

百度指数是互联网时代最重要的数据分享平台之一，该平台是基于百度用户行为数据建立起来的平台。通过该平台，网络销售运营者能够了解到某个热点的火热程度，它能够将竞争产品、受众指向、传播效果等数据和信息，以科学的图谱方法呈现在人们面前。

如果企业想要了解某个热点的近期火热程度，只要在百度指数查询栏里输入相关的热点关键词即可。如图 12-8 所示，为热门电视剧《传闻中的陈芊芊》的百度指数趋势图。

一般来说，如果运营者遇到了好几个同类的热点，不知道选择哪个热点才能获得更多人的关注的话，可以在热点关键词后面添加对比词，然后查看哪一个热点的关注指数更好一些。

图 12-8 《传闻中的陈芊芊》的指数趋势图

总的来说，通过百度指数新媒体运营者可以了解到 5 类有用的信息，具体如图 12-9 所示。

图 12-9 通过百度指数可以了解到的信息

12.2.2 微博热门，找到话题

微博上的热搜主要展示 24 小时内关注度比较高的热门事件。网络营销推广运营者可以根据自己推广的方向，找到自己关注的领域的热门事件或者热门话题，然后将这个热点嵌入到自己推送的消息中，提高用户的关注度和阅读率。如图 12-10 所示，为微博热搜的页面截图。

图 12-10　微博热搜页面

12.2.3　百度搜索，分析需求

百度搜索风云榜是基于数亿网民搜索行为数据建立起来的，是一个以关键词为统计对象，建立关键词排行榜的平台。该平台覆盖十余个行业类别，一百多个榜单，能够直观地反映出互联网网民的兴趣和需求。

网络营销推广运营者可以在百度搜索风云榜上查看网民关注的兴趣点，然后结合自己的运营内容，将热点与自己的推广内容结合起来推送给用户，这样更容易引起用户点击阅读。如图 12-11 所示，为百度搜索风云榜的首页页面。

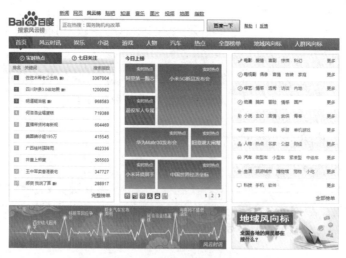

图 12-11　百度搜索风云榜的首页

12.2.4　知乎问答，分析热榜

知乎是一个网络问答社区，在这个平台上，用户可以彼此分享各自的专业知识、见解和经验等。微信运营者可以进入话题广场，选择与自己平台运营有关的话题，进入之后就可以看到热门话题的排序。如图 12-12 所示，为知乎话题的动态排序情况，运营者可以通过查看这些热门排序来了解网友们的关注点和讨论话题。

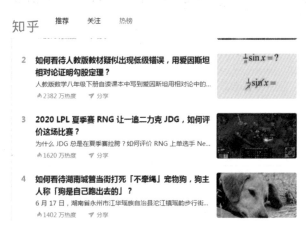

图 12-12　"知乎"话题的热门排序

12.2.5　爱奇艺指数，热门视频

爱奇艺指数是一个视频数据分析平台，通过该平台，用户可以了解很多有用的信息，如图 12-13 所示。

图 12-13　爱奇艺指数数据分析平台

对于视频类的微信公众平台来说，就需要经常利用这样的视频指数平台来分析热门视频的一些播放趋势、用户的观看行为、观看用户的特征特点等。运营者只需要在搜索栏中输入关注的视频名称，即可查看视频的指数情况，如果是想要进行更多视频对比，在搜索栏中输入视频名称时以分号分隔即可。如图12-14所示，为热播综艺《喜欢你我也是第2季》的播放指数趋势。

图12-14　《喜欢你我也是第2季》的播放指数趋势

12.3　分析用户，得到信息

很多微信公众平台运营者看到后台的数据，不知从何入手，其实这些数据能够给运营者带来很多启示，关键看运营者会不会解读这些数据，在微信公众平台后台统计功能模块下的第一项就是"用户分析"数据，分析这些数据，能够得到哪些有用的信息呢？

12.3.1　后台数据，价值体现

进入微信公众平台，有一个绝对不能忽视的功能模块，那就是统计功能模块，在该功能模块中，位列第一的就是"用户分析"功能模块，将用户分析放在第一位，是不是想告诉运营者们，用户在微信公众运营中，占据着举足轻重的地位呢？这其中的深意值得微信运营者们思考。

1. 用户增长看用户数量变化

当微信运营者进入微信公众平台，通过"用户分析"模块进入用户分析页面时，第一个看到的就是"用户增长"项目。该项目放在这么重要的位置，说明微信公众平台对用户的重视程度。

2. 用户增长的各类数据指标

在用户增长项目中，所有的数据指标都有一个总称，叫作"昨日关键指标"，因为用户增长是根据昨日数据统计的，因此它的数据指标称为"昨日关键指标"。在昨日关键指标下，有 4 个很重要的关键指标，即新关注人数、取消关注人数、净增关注人数、累积关注人数。如图 12-15 所示，为"昨日关键指标"包含的 4 个关键指标。

图 12-15　昨日关键指标包含的 4 个关键指标

12.3.2　数据汇总，昨日关键指标

昨日关键指标是一个能够帮助平台运营人员了解用户动向的汇总数据库，前面说到，昨日关键指标主要包含 4 类数据。从图 12-15 中可以看出，"昨日关键指标"主要是以"日""周""月"为时间单位轴，分析用户数量在不同时间点的变化情况，即查看昨日数据相比 1 天、7 天、30 天前的变化情况，下面分析昨日关键指标的意义和数据转换方式。

1. 昨日关键指标的意义

关于微信公众平台的运营，众所周知，所有的发展和建设都必须建立在微信粉丝群上，没有足够数量的粉丝群体，再多的努力也是白费，因此，微信公众号的运营者要特别关心用户的动态，了解用户的昨日关键指标就是很好的切入点。

2. 将数据进行转换

微信运营者想要对昨日关键指标数据进行分析，可以通过下载详细数据表格来进行。如图 12-16 所示，为微信公众平台"手机摄影构图大全"昨日关键指标的详细数据表格，运营者可以自定义时间，对某一段时间的昨日关键指标进行汇总分析。

	2020-05-11 至 2020-06-09 ▼			下载表格 ❓	净增关注人数 ⇕	累积关注人数 ⇕
					52	72296
					63	72244
					99	72181
					73	72082
					64	72009
					80	71945
2020-06-03			96		21	75	71865
2020-06-02			85		27	58	71790

图 12-16　自定义时间汇总昨日关键指标

12.3.3　预期效果，解析新增

在"昨日关键指标"下方，微信运营者还能够看到"新增人数""取消关注人数""净增人数""累积人数"的趋势图，通常运营者在发布微信推送信息，尤其是举办某些征文、征稿之类的比赛的时候，都会对用户的增长有一个预期值，下面主要分析"新增人数"的趋势图。

1. 新增人数的意义

"新增人数"数据有哪些意义呢？在"新增人数"的趋势图中，微信运营者可以选择几个时间段，对"新增人数"的趋势图进行查看。如图 12-17 所示，为最近 7 天的"新增人数"趋势图。将鼠标指针指向不同的节点（日期点），还能够看到该日期下详细的新增人数数据，如图 12-18 所示。

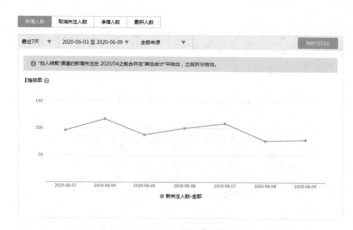

图 12-17　最近 7 天的"新增人数"趋势图

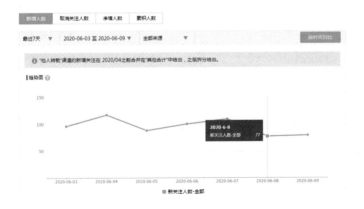

图 12-18　具体日期的新增人数数据

分析新增人数的趋势数据图有两方面的意义：一是观察新增人数的趋势，可以以此来判断不同时间段的宣传效果；二是注意趋势图中的几个特殊的点——"峰点"和"谷点"，"峰点"就是趋势图上突然上升的节点，"谷点"就是趋势图上突然下降的节点，当出现很明显的"峰点"和"谷点"时，就意味着平台推送可能产生了不同寻常的效果。

2．好好了解新增数据

新增数据，可以查看"最近 7 天""最近 15 天""最近 30 天"的趋势图，除了查看这几个时间段的趋势图，微信运营者还可以根据实际情况自定义时间段进行查看，查看的方式是单击自定义时间框，然后会弹出相应的时间选择栏，微信运营者在时间表中选好时间段，再单击"确定"按钮即可，如图 12-19 所示。

图 12-19　自定义时间段

如果微信运营者想要和某个时期的数据进行对比，可以单击右上方的"按时间对比"按钮，就会得出相应的对比数据。如图 12-20 所示，为 2020 年 6 月 3 日到 6 月 9 日和 2020 年 5 月 27 日到 6 月 2 日的新增人数的数据对比。

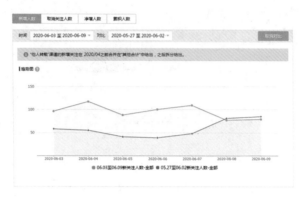

图 12-20　新关注人数数据对比

12.3.4　发现问题，防止取消

"取消关注人数"也是微信运营者要着重考察的数据，因为维持一个老客户比增加一个新客户，其成本要低得多。因此，如果企业的微信公众号遇到了取消关注的情况，就一定要引起足够的重视，尤其是那种持续"掉粉"的情况，企业更加要分析其中的原因，尽可能防止这种情况出现。

1. 查看取消关注人数

在微信公众平台的后台，运营者需要手动单击"取消关注人数"按钮，才能查看取消关注人数的趋势图。如图 12-21 所示，为"手机摄影构图大全"在最近 7 天"取消关注人数"的数据趋势图展示。

图 12-21　"取消关注人数"趋势图

"取消关注人数"和"新增人数"的数据一样，都能够选择"最近 7 天""最近 15 天""最近 30 天"或者自定义时间查看趋势图。

2. 分析取消关注人数

通过"取消关注人数"的数据就能了解每天有多少粉丝对微信公众平台取消了关注，一旦发现这个取消关注的趋势图呈现出了增长的趋势，那么微信运营者就要格外注意了，要努力找出问题所在，分析出现这些问题的原因，然后尽可能避免这种趋势继续增长。

3. 从取消关注人数看问题

用户对微信公众平台取消关注的原因有很多种，下面总结了几种用户取消关注的原因，如图 12-22 所示。

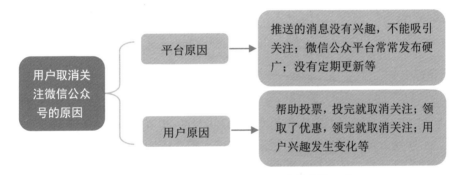

图 12-22　用户对微信公众号取消关注的原因

通常来说，用户取消关注最大的原因是对推送的消息不感兴趣，所以提高内容含金量是最好的解决办法。如果微信公众平台的取消关注人数一直在增加，那么微信平台运营者就要从以上几个方面查找原因了，然后才能对症下药。

4. 关注客户流失率

前面提到，取消关注人数有时候并不能说明问题，因此运营者需要更为科学的分析方法来对待这一数据，那就是计算用户流失率，用户流失率等于取消关注用户数 / 平台累积关注人数。

12.3.5　数据提炼，净增人数

微信公众平台后台的"净增人数"是用来衡量一定时期内用户的净增人数，也就是将"新增人数"和"取消关注人数"互相消减后得出的数据，下面介绍"净增人数"数据。

1. 查看净增人数

看了"新增人数"和"取消关注人数"之后，可能微信运营者还是不知道每天净增了多少用户，因此就可以通过"净增人数"趋势图查看。如图 12-23 所示，为"手机摄影构图大全"最近 7 天的"净增人数"趋势图。

图 12-23　"净增人数"趋势图

从图 12-23 中可以看出，该微信公众平台在 2020 年 6 月 3 日到 6 月 9 日之间，"净增人数"有多有少，但总体来说人数是增加的。因此，可以说明该微信平台的用户一直维持着增长的趋势。

如果想要将某两个时期的数据进行对比，单击右上方的"按时间对比"按钮，即可实现。如图 12-24 所示，为平台在 2020 年 6 月 3 日到 6 月 9 日和 2020 年 5 月 27 日到 6 月 2 日的净增人数的对比趋势图。

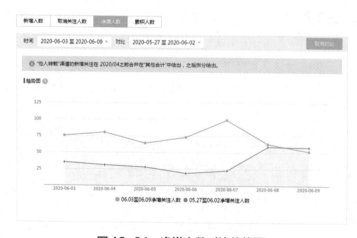

图 12-24　净增人数对比趋势图

2. 分析净增人数

微信运营者在分析"净增人数"数据的时候，需要注意的是特殊的高点和特殊的低点，因为这些点往往预示着平台的一些问题。例如，在图中可以看出有一个时间点的峰值特别高，如图 12-25 所示。如果说峰值相比起其他的节点要高出很多的话，可以猜测当天平台一定进行了什么动作，才导致这样的结果，例如开展投票活动、进行征稿活动，等等。

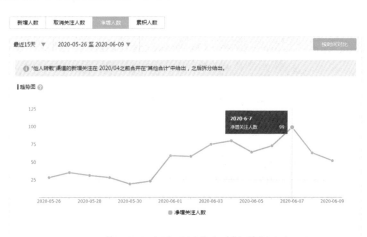

图 12-25　净增人数的峰值

12.3.6　反映效果，累积人数

昨日关键指标中，最后一个数据就是"累积人数"，下面为大家介绍"累积人数"数据的查看和分析。

在"累积人数"趋势图里，可以看到企业微信公众平台的总人数的增长趋势情况。如图 12-26 所示，为"手机摄影构图大全"的"累积人数"的趋势图。

"累积人数"也能够选择"最近 7 天""最近 15 天""最近 30 天"或者自定义时间查看趋势图。如果想要将某两个时期的数据进行对比，单击右上方的"按时间对比"按钮，即可实现，想要取消单击"取消"按钮即可。

如图 12-27 所示，为平台在 2020 年 5 月 26 日到 6 月 9 日和 2020 年 1 月 1 日到 1 月 15 日的累积人数的对比图。从图中可以看出，微信公众号"手机摄影构图大全"每个月的"累积人数"呈现逐步上升的趋势，而且增长趋势相对比较平缓，没有出现大幅度的变化。

"累积人数"趋势图不仅仅展现了一定时期内的总体人数的增长情况，还可以用在特殊时间段里，供微信运营者对数据进行深层次的分析。

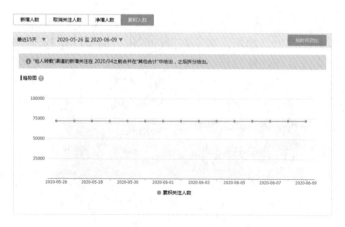

图 12-26　"累积人数"趋势图

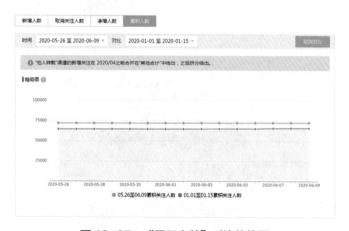

图 12-27　"累积人数"对比趋势图

　　例如，在企业开展营销活动期间，就可以查看活动前、活动前期、活动中期和活动后期这四个时间段的"累积人数"趋势图。需要注意的是，如果在活动后期，用户累积数出现了大幅度的波动，例如突然大幅度下降，那么就说明活动策划可能存在某些问题，这是运营者和活动策划者需要重点注意的地方。

第 13 章

引流涨粉，成就大号

学前提示

　　在工作烦琐的用户运营中，我们具体应该怎么做呢？说到底，就是了解用户的需求，引导用户关注自身平台，并把用户长期留存下来。本章就从用户引流和留存用户这两个方面，帮助你一步步成就大号。

要点展示

- 用户引流，8 个技巧
- 用户留存，7 种方法

13.1 用户引流，8 个技巧

引流实际上是在运营者和用户之间建立一个快捷联系，能让用户实时地接收到你的相关信息。当你在辛苦寻找用户的同时，用户也在寻找你所能提供的类似信息。以下 8 种技巧，将让你快速接触到精准用户，使平台的粉丝出现高速上涨。

13.1.1 利用爆文，大量引流

对于新媒体运营者来说，爆文其实是最好的引流方式，它能在短时间内让大量的流量涌进运营者的账号，那么爆文应该如何打造呢？下面分别从整体内容角度和局部因素角度来进行讲解。

1. 整体内容角度

从大角度来看，爆文内容应该具备 3 个特点，具体如下。

（1）内容要有特色。在各个平台的内容方面，要把握好个性化和价值化导向，才能提升平台内容特色，增强用户的黏性。

（2）增强内容的互动性。运营者可以多推送一些能调动用户参与积极性的内容，将互动的信息与内容结合起来进行推广。

（3）内容最好能激发用户的好奇心。运营者要从激发他们的好奇心出发，如设置悬念、提出疑问等，往往会有事半功倍的效果。

2. 局部因素角度

下面从具体的一篇文章的局部因素出发，谈谈怎样打造爆文。

（1）重视标题。有吸引力的文章标题才会有高的打开率，也才能给新媒体平台带来更多的读者和流量。

（2）图片亮丽。图片是进行运营时的有力武器，它能为平台上的文章内容锦上添花，也能给粉丝带来更好的视觉效果。

（3）打造创意。运营者要懂得创意内容的运营思路，如利用连载的形式勾起读者的观看欲望。把热门事件插入到故事中等。

（4）把握时机。选择合适的发送时间对于运营者来说是非常重要的一件事，通常早上 8 点 ~9 点、中午 11 点半 ~13 点、晚上 8 点 ~9 点为 3 个发送内容的黄金时段。

"内容为王"这一理念是适用于新媒体整个运营过程的，在引流方面更是有着莫大的作用。一篇吸引人的爆文能瞬间吸引大量粉丝来关注自身平台。运营者需要把握好以上两种方法，尽力去打造一款甚至是多款爆文，为自身的平台吸引流量。

13.1.2　运营活动，引导用户

活动运营不单单只是一个运营岗位，同时也是不断推出新产品的总指挥。无论线上还是线下，活动运营都是推广产品和引流的必备之选。而所有活动运营本质上都是围绕内容和用户来进行的，当清楚确立活动目标后，就可以以此开始运营，例如增加下载量、增大活跃度、加强传播度，等等。

运营者可以通过在自身平台上，或者其他平台上开展各种大赛活动，进行吸粉引流。这种活动通常在奖品或者其他条件的诱惑下，参加的人会比较多，而且通过这种大赛获得的粉丝质量都会比较高，因为他们会更加主动地去关注平台的动态。

以微信公众号"手机摄影构图大全"为例，该公众号根据其自身的优势，在自己的平台上开展了一个"猜构图"的活动。如图 13-1 所示，为"手机摄影构图大全"微信公众号对某次举办的活动的相关介绍。

图 13-1　微信公众号开展活动的案例

13.1.3　互动话题，吸引关注

平台打造一个互动话题，可以在提升粉丝黏性的基础上吸引更多有意愿参与话题的粉丝的关注。那么，这些话题一般是什么样的话题呢？它们又是如何引导关注的呢？下面进行具体介绍。

一般来说，平台打造的互动话题，需要有足够的吸引力，如提供某方面的福利、利用话题引导用户发表看法等，还有就是推送时间的安排。话题打造是可以通过提前给出信息来吸引更多粉丝的，在用户参与的过程中和话题结束后的安排上要妥当，即运营者要充分注意引导用户，提升用户体验，并及时就用户的观点给出自己的态度。

13.1.4 通过社群，聚集用户

在互联网迅速发展的趋势下，我国已走进了社群经济时代，每一个社群里的成员或是有共同的爱好，或是有共同的目标。总之，每个社群里的成员都是由某个点来维系的。而运营者在吸粉引流过程中要做的就是撬动这个点，让用户关注自身平台。一般说来，可以从两个方面着手，具体内容如下。

1. 社群的运营之道

如今不少社群已经成为消费者搜索产品、品牌，进行互动交流的重要场所。社群可以实现一对多的沟通，为企业提供接近消费者的互联网平台。社群运营，从本质上来讲，就是对一群有明显且共同属性的人群进行统一交流和运营。下面就来了解一下社群的运营方式，如图 13-2 所示。

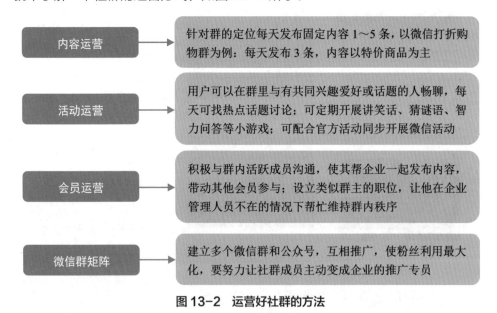

图 13-2　运营好社群的方法

2. 社群的引流之路

有些运营者可能会犯这样的错误，与社群里的成员稍微熟悉之后就疯狂推广，其实这是不明智的。因为和你同处一个社群的成员都是有着个人的喜好、思想的，

这样的做法只会给他们留下不好的印象。那么，运营者应该怎样利用社群引流呢？

（1）培养一定数量的铁杆粉丝。

企业可以通过制订详细的粉丝计划来大力培养自己的铁杆粉丝，树立相同的观念，最终成功打造成拥有铁杆粉丝的社群运营平台。企业在"培养铁杆粉丝"的过程中，可以从以下3方面出发。

一是聆听用户的心声、与用户互动、耐心与用户对话。只有这样粉丝才能感受到被尊重的感觉，提升用户体验。二是从粉丝需求出发，通过奖励来提升粉丝的活跃度。分析粉丝的需求、制订好奖励计划，送上用户需求的礼品，这样能大大地增加粉丝的体验，进一步巩固粉丝的黏性。三是与粉丝进行线下活动。企业可以在社群运营过程中发布一些活动，为粉丝提供参与的机会、有趣好玩的经历以及优质的用户体验，使其获得更强烈的粉丝认同感，从而与用户维持亲密关系。

（2）打造口碑，让用户乐于推广。

在社群运营中，想要顺利实现用户的"智造"，就需要使用一些小窍门，比如赠送礼品、口碑推荐等来打响企业品牌，为品牌树立良好形象。而社群运营中口碑的打造是需要粉丝的努力的，主要是在粉丝认可产品、品牌的基础上，心甘情愿地推荐给自己身边的人，从而形成口碑。一般来说，形成口碑的途径如图13-3所示。

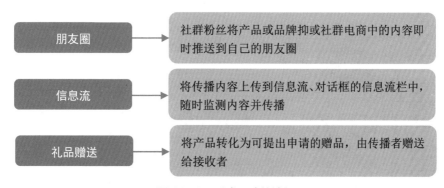

图13-3　形成口碑的途径

（3）5大方面，塑造品牌，扩展人气。

企业在进行社群营销时，需要注意5个方面的问题：一是有自己的独特观点，二是把产品信息介绍详尽，三是要学会互动，四是要学会分享干货，五是要传递正能量，树立好口碑。

13.1.5　互补平台，大号互推

大号互推，是平台进行营销和运营过程中比较常见的现象，其实质是企业和

商家建立账号营销矩阵，从而达到共赢的目的。

1. 寻找适宜的大号互推

大号互推，其结果要求是双赢，因此，在选择合作的大号方面要慎重，要双方得利，这样才能合作愉快并维持稳定的互推关系，具体方法如图 13-4 所示。

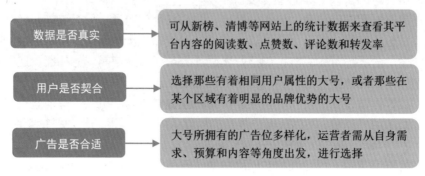

图 13-4　寻找适宜的大号互推

2. 进一步提升互推效果

找到了互推资源并确定了一定范围内的合适的互推大号后，接下来运营者要做的就是最大限度地提升互推效果，如图 13-5 所示。

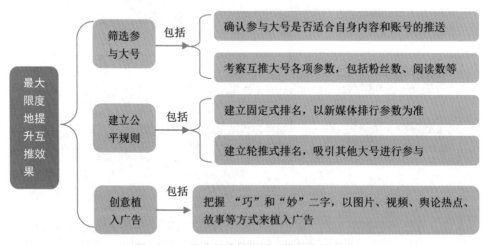

图 13-5　最大限度地提升互推效果的方式

13.1.6　多类平台，实现爆粉

随着互联网和移动互联网的发展，越来越多的新媒体平台开始出现，所涉及的范围之广、内容类型之多，实在是让人目不暇接。而作为在各类平台发展的运营者，又将有着哪些机会可以为自身主力平台吸引更多粉丝和引导关注呢？下面介绍平台运营者该如何利用其他平台吸粉引流。

1. 运用社交类平台

微信是如今运用范围极广、发展极快的社交媒体平台，与之相关的微信公众平台更是成为众多运营者进一步发展的摇篮。因此，一些以今日头条为主战场的运营者开始考虑从微信公众平台引流。如微信公众号"头条易"就是一个专门介绍头条号投放传播的平台，用户在阅读其推送的内容时，是极有可能关注其中的头条号的。

2. 运用资讯类平台

如今，提供社会资讯的平台也越来越多，如一点号、搜狐号等，都是普遍受人们喜欢的资讯平台。在此以一点号为例来介绍它是如何引流的。

一点号是由一点网聚科技有限公司推出的一款有机融合搜索和个性化推荐技术的平台。并且一点号平台所具有的 3 大特色也将为引流提供助力，如图 13-6 所示。

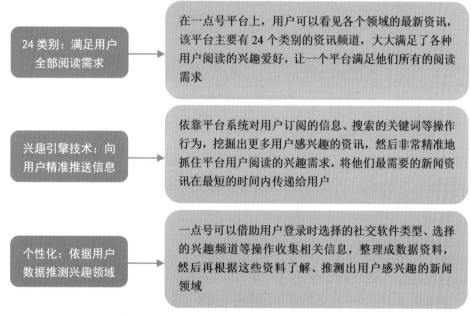

图 13-6 一点号的平台特色

在图 13-6 所述的平台特色支撑下，平台运营者可以在与自身账号相关的领域发布他们需要的内容，而一点号能让内容被那些有需求的读者关注到，而这些读者又恰好是自身平台的目标用户群体，他们可能想要了解关于运营主体的更多内容而去关注平台，因此，实现引流也就轻而易举了。

3. 运用视频类平台

在各大平台上，经常可以看到右上角有水印为"西瓜视频""抖音"字样的视频内容。由此可知，这些视频平台与自身平台之间的引流操作还是可行的。

因此，只要与自身平台相关联的抖音号发布内容，用户如果觉得你的视频内容有价值，而其又想了解更多的相关内容，那么，用户是极有可能通过"抖音"短视频平台来关注自身平台，从而实现跨平台的引流目标。

13.1.7 百度热词，搜索引导

每次一个热点、热词出来时，都会在各大平台广泛传播，比如，"个人所得税""长租公寓"等词都在各大平台中有过一段热潮。营销者可关注百度热词，结合"热词"发软文来进行推广和引流，具体过程如图 13-7 所示。

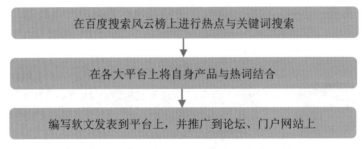

图13-7 利用百度热词引流的具体过程介绍

13.1.8 小程序，有效引导

小程序一般是与微信公众号关联在一起的，因此运营好小程序，是有利于吸引用户关注公众号的。下面介绍几种运营小程序的方法。

1. 提供特定功能，加强实用性

对于小程序来说，实用性可以说是制胜法宝之一。那么，如何体现小程序的实用性呢？其中较为简单和直接的方法就是提供特定的实用功能，创造机会让受众使用小程序，并将这一行为变成一种习惯，从而有效地增加用户的使用率。

提供特定功能对于以实用性取胜的小程序来说尤其重要，因为特定功能的创造不仅可以增加小程序的使用率，更是对品牌的有效宣传，只要特定功能做好，便可以争取大量用户。

2. 关注市场趋势，提高创新力

时刻关注市场趋势，可以了解其他企业是如何提升用户体验的，进而改善和提高自身小程序的吸引力。分析流行的产品特色，重点是保持小程序的创新力度，第一时间了解企业所在领域的流行趋势。

打造用户体验的方法不计其数，但有的企业仅仅关注小程序本身，或者是小程序的相关服务，而忘记从市场其他的产品和企业吸取经验。很显然，这种借鉴、参考的方法力度是不够的。

那么，运营者在打造消费者体验的过程中，具体应该怎样根据市场潮流趋势增加小程序的新鲜体验呢？笔者觉得运营者不妨先认真观察市场的潮流走向，然后把自身营造方法与别人对比，最后再总结经验教训，为己所用。

3. 深化自身创意，增加吸引力

创意是任何小程序都需要具备的特质，而用户体验的打造也少不了创意这一要素。创意带给用户的远远不只是乐趣，更是理性与感性的双重洗礼。要怎样通过创意来增加对用户的吸引力呢？运营者主要需要把握好 4 个要点，即信息必须真实、多方进行传播、契合用户需求、围绕主旨打造。

13.2 用户留存，7 种方法

对运营者来说，把用户成功引流到平台上是不够的。我们要做的是把这些引流来的用户成功地留在平台上，让他们为平台的发展提供助力。本节就围绕这一问题，对多种技巧进行讲解。

13.2.1 做好引导，符合期待

在具体的用户留存运营中，对一些新用户来说，他们是首次关注平台内容，还不了解和清楚平台。此时，如何让用户更快地熟悉起来，更快地进入用户的角色，就成为决定用户留存的主要影响因素之一。

新媒体运营者只有做好了新用户的引导工作，才可以让用户对平台及其内容产生兴趣，从而愿意继续关注平台内容和体验产品。此时我们可以从平台产品出发，做好用户引导的设置工作。这一工作可以从多个方面来完成，下面以微信公众号为例进行介绍。

例如，在资料页上，运营者要想做好用户引导，就需要在功能介绍上体现微信公众号的亮点和内容，为用户了解公众号和阅读文章提供基础。如图 13-8 所示，为"整点电影"微信公众号的资料页面。

而在公众号欢迎页面上，运营者在设置上为留住用户做了许多努力，具体如下。

（1）对公众号中的精彩文章进行了超链接设置，可以进一步了解平台。

（2）"自定义菜单"设置，有利于用户有针对性地进入平台和阅读相关内容。

（3）设置了奖励选项，用户回复自身的渠道来源，就能获得高价值的电子书。

图 13-8　微信公众号资料页面

13.2.2　优质内容，留人法宝

关于用户留存技巧，归结为一点，就是从平台产品上下功夫。也就是说，如果你的产品主体是技巧性、专业性的文章内容，那就应该提供有自己观点和见解的优质内容，并根据需要不断进行优化。如果你的产品主体是商品，就应该保证产品质优价廉，让用户购买了之后能满意。

在这一方面，各大电商平台就做得很好。在如今电商平台如雨后春笋不断出现的环境下，营销策略也层出不穷。在优化产品方面，不仅从商品自身，还从宣传内容上，都有大的突破。它们不仅以各种方式对商品质量作出承诺，还搭配了不同的展现方式。

不论是推送内容的优化，还是商品的优化，归根结底还是产品的优化。对于用户来说，假如你经常推出的是相同的或是"换汤不换药"的内容，抑或是你经营的商品在品类、品牌、款式上没有任何更新，那么，用户也是不愿意关注的。这样的平台产品无疑是留不住用户的。只有不断优化、不断推陈出新，才是留住用户的不二法门。

13.2.3　进行互动，维护关系

关于用户的运营，首先还是基于人与人之间关系的运营。在日常生活中，人与人之间的关系维护，是需要有来有往的，这一点反映在线上的用户运营中，就表现在彼此之间的互动上。

培养企业和运营者与用户之间的关系，经常进行友好互动，是运营的应有之义。特别是对运营者来说，应该积极主动地利用各种途径来培养与用户之间的关

系，从而更好地留住用户，具体分析如图 13-9 所示。

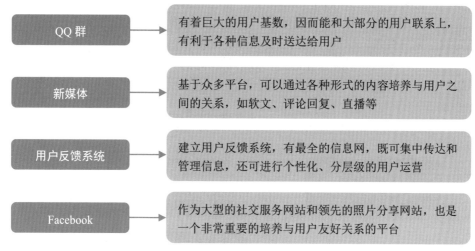

QQ 群	有着巨大的用户基数，因而能和大部分的用户联系上，有利于各种信息及时送达给用户
新媒体	基于众多平台，可以通过各种形式的内容培养与用户之间的关系，如软文、评论回复、直播等
用户反馈系统	建立用户反馈系统，有最全的信息网，既可集中传达和管理信息，还可进行个性化、分层级的用户运营
Facebook	作为大型的社交服务网站和领先的照片分享网站，也是一个非常重要的培养与用户友好关系的平台

图 13-9　4 大途径培养与用户的关系

13.2.4　流失用户，重新找回

上面提到了用户的流失和流失率，可见，对于运营者来说，用户的流失是不可避免的。基于此，我们要做的事主要有两件：一是怎样尽量减少用户的流失，二是怎样把流失的用户重新找回。关于前者，前面已经有了相关内容介绍，在此主要对怎样把流失的用户找回来进行具体介绍。

其实，相较于吸引一个新用户而言，把流失的用户找回来，其价值是更大的。因为流失的用户本身还是对平台有一定兴趣才关注的，且流失的一般是对平台不了解的、黏性不高的新用户。在保证优质平台产品的情况下，只要解决了用户流失的问题，让流失的用户重新回到平台上来，明显更容易和更有意义。

可见，对流失的用户进行运营，把他们找回来，是比较有效的、有意义的运营工作。那么，针对这些流失的用户，应该怎样找回来呢？具体说来，可从 3 大渠道来进行分析，内容如下。

1.　找回方式一：短信、Push（服务信息）

无论是短信还是 Push，都是信息，因而在实现用户找回上有着共同点。首先，它们都有着比较高的送达率和打开率。这一点对用户找回非常重要，也是运营者选择这一渠道找回用户的主要原因所在。

但要注意的是，在考虑其优点的同时也不要忘了其缺点的存在。这一类的用户找回方式，一方面，它内容比较单一，大多是以文字为主的文案形式，有时包含链接，在内容的新颖和吸引力方面明显有所不及；另一方面，这种找回方式用得多了，容易让用户从心底产生反感，一不小心就有可能被拉黑或屏蔽。

可见，用短信、Push 找回用户，有如一把双刃剑，只有把握好一个度，才能对找回用户有效。否则，将会适得其反，让用户讨厌的同时也破坏了前期已有的运营成果。那么，怎样才能让这把双刃剑向好的一面发展呢？一般说来，应该从以下几个方面着手，如图 13-10 所示。

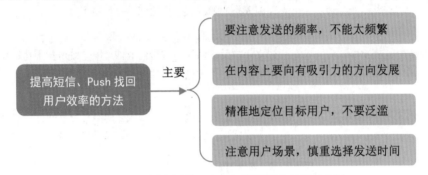

图 13-10　提高短信、Push 找回用户效率的方法

2. 找回方式二：电子邮件信息（EDM）

与短信、Push 找回方式相比，发送电子邮件来找回用户的优势主要表现在其内容类型的多样性上。除了短信、Push 方式常见的文字和链接外，还可以包含图片、视频等内容。当然，任何事物都有两面性，用电子邮件找回用户也是如此。它的劣势主要表现在电子邮箱的使用率较低和容易被屏蔽两个方面。

运营者如果想要利用电子邮件更好地完成用户找回的任务，那么就需要在两个方面加以努力。一是标题方面，需要撰写一个非常吸睛的标题，这样用户才会愿意打开，才有接受找回的可能；二是规范方面，应该确立一定的规范，避免当成垃圾邮件被屏蔽。

3. 找回方式三：微信公众号

用微信公众号找回用户同样有其优势，除了成本低和内容打开率较高之外，还有一个非常重要的点，那就是利用这种方式找回，毕竟是一个有着持续内容和产品推送的平台，因而能更好地提升用户黏性。当然，这些优势都是建立在用户没有取消关注的基础上的。而要想找回用户并让用户持续关注，那么优质的内容是基础。另外，运营者还可以通过开展有趣的活动来实现。

13.2.5　跟踪收集，解决问题

数量众多的用户，对于平台的体验也是有着区别的。正是这种体验决定了他们对平台账号的观感，也决定了有多少用户愿意继续留在平台上。而从客观上来说，平台产品不可能十全十美，总是会存在让用户感觉不如意或欠缺的地方。只有不断减少这种让用户不如意的体验，才能有效减少用户流失，留住用户。

因此面对客观的可能存在的问题和用户主观的不完美的体验，运营者要做的就是去跟踪收集用户的体验，从而区分出哪些地方在运营上是做得好的，哪些又是需要改进的。把这些资料和信息收集整理出来，才是解决问题的前提条件。

13.2.6 及时回复，运营之道

用户有问，运营者有答，才是正确的用户运营之道。在此主要从两个方面来介绍利用回复来留住用户的方法，具体如下。

1. 没有时间和精力的情况：消息自动回复

当运营者没有时间或没有条件及时手动回复时，利用平台的消息自动回复功能是一个很好的选择。在某些平台上是有消息自动回复功能的，如微信公众平台、QQ 等，充分利用这些功能，可以更好地留存用户。

例如，微信公众平台的自动回复功能能有 3 种模式，具体如下。

（1）关键词回复：在后台设定关键词及其规则，当用户发送的消息中含有匹配的关键词时，就会依照设置自动回复相应信息。

（2）收到消息回复：用户发送的消息不能匹配设置的关键词时，系统就会依照"收到消息回复"的设置回复给用户相应的信息。

（3）被关注回复：当新用户关注平台账号后，会进入相应的欢迎页，欢迎页的内容就是"被关注回复"一项设置的自动回复内容。

2. 拥有时间和精力的情况：评论回复

文章有人看，自然也会有人评论留言。而且每个人思考问题的角度都不一样，对于同一问题的看法和立场也不尽相同。运营者需要去回复这些有自己的看法和立场的网友对文章的评论留言，其实回复留言的过程也就是与网友互动交流的过程。虽然回复留言比不上彻夜长谈那种详细的交流，但是最起码能够知道会去评论留言的这些人，还是对推送内容很感兴趣的，并且有时候还能提出一些有建设性的意见。

网友评论留言是需要得到运营者认可的，因此运营者在编辑图文消息的时候要注意检查留言功能开启与否。如果没有开启，网友是不能评论留言的。在开启留言功能后，要及时查看留言，与网友产生互动，互动成功与否，也是考验运营者运营水平的一种方式。

其实，笔者认为，巧妙回复网友对文章的评论留言，是一种有效留住用户、提升用户黏性和忠诚度的方式。通过与用户之间回复留言的互动，也可以有效沟通和了解。比如说，有网友评论留言说你的哪些东西做得好或者写得好，运营者应该肯定网友，回复一些赞美支持鼓励的语言。

新媒体运营者在回复网友评论留言的时候，要根据不同的留言回复不一样的内容，哪怕两个用户的留言是一样的也最好是用不同的表达方式或者语言来回复，而且语言风格方面尽量活跃风趣一点，"伸手不打笑脸人"就是这个道理。

13.2.7　微信群，积攒人气

相信许多企业都会建一个或者多个微信群，也加入了很多的微信群。但如何利用这些微信群去积攒人气，提升与用户、粉丝之间的互动，并成功留住用户，其实很多运营的朋友都没有掌握要领。

微信群推广操作起来比较简单，而且不需要什么成本，且通过微信群更能与用户达到较好的互动效果。通过微信群你可以找每个群员单独聊天，还可以通过微信群发二维码去宣传企业公众号或 App 等。利用微信群做宣传来积攒人气，只要你做得好，肯定会有不错的效果。在这里，笔者主要分享一下自身所了解的运营和玩转微信群的技巧，具体内容如图 13-11 所示。

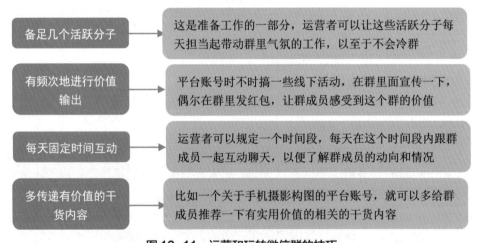

图 13-11　运营和玩转微信群的技巧

另外，新媒体运营者要注意的一点是，创建微信群的目的就是巩固粉丝群，在微信群中积攒人气与粉丝互动，但是你的平台账号不可能是独特的，总有和你类似的平台账号。那么在这里运营者就要考虑到自己的粉丝会不会被同行给吸走了。因为如果同行积攒人气的方式比你的更有吸引力，那么你的粉丝就会放弃你，而选择一个更好的。

　　企业与企业之间的竞争也不外乎于此，所以创建了微信群之后，运营者最好是要制定一些让用户无法拒绝的群规。让用户可以老老实实地待在你的微信群里面，而不会因为外面同行的诱惑而离开你的微信群。而且创建了群规之后也可以很好地约束到用户。

　　那么，现在问题来了，要制定什么样的群规才能约束到粉丝，并让粉丝能够自愿留在你的微信群而不受到其他同行的诱惑、让你的微信群发挥最大的价值呢？接下来举例分析建立群规的相关内容，具体如下。

　　（1）统一群名片：为了便于快速相互认识，要统一群名片，格式可以让运营者自己来定，在这里以"姓名＋地区"的群名片为例，如"张三＋湖南"。

　　（2）在群里可以发布分享消息：如干货文（必须是有实用价值的干货）、自己的原创文章。

　　（3）刺激分享：在群里发布帮忙转发的文章需要注明，并发不少于 100 元的红包表示感谢。

　　（4）发放红包：群里不定时发放红包雨，但是入群不能只是为了来抢红包，没有红包抢了就退群。

　　（5）分享有价值的内容：多分享关于自身平台的有实用价值的干货文，让用户知道你的平台账号确实有很多实用价值的东西，粉丝才不会离开，而是留下来交流学习。

　　（6）交纳群费：进群之后每个人要交纳不少于 10 元的群费。群费会在每个成员加群两个月之后双倍返还，如果中途退群就不予返还。

　　（7）保证消息健康性：群里发布的消息必须健康，不然会引起其他群成员的不满，从而降低微信群的质量，引起不必要的误会。

　　（8）群里定期举行活动：包括"线上活动"和"线下活动"。线上活动可以是有奖竞猜之类的，线下活动可以是关于吃喝玩乐之类的，反正只要是可以吸引粉丝的都是好活动。这样就更能促进运营者与粉丝之间的互动，培养有质量的粉丝。

　　其实笔者讲的这些群规也还只是些皮毛，但是笔者相信广大运营者们看完之后心里应该已经有了一套属于自己的群规，并且会把粉丝套得牢牢的，不给其他同行圈粉的机会。

第 14 章

商业变现，年入百万

学前提示

在一些新媒体平台上，很多创作者进驻的初衷是怎样利用自身的创作能力来获得收益，所以这些平台也积极配合创作者的这一要求，提供了多种变现方式，力求在发展平台的同时让创作者的平台账号更值钱，进而实现赚钱的变现目标。本章从运营和内容两个角度介绍新媒体平台商业变现的多种方式。

要点展示

- 运营变现，获得收益
- 内容变现，灵活运用

14.1 运营变现，获得收益

新媒体运营与营销是一个需要付出很多汗水与努力的工作。无论是引流还是营销，都需要在开动脑筋的情况下再积极去尝试和实践。俗话说"一分耕耘一分收获"，新媒体运营也是如此。运营者花费大量精力进行账号运营和营销的直接目的就是增强账号的变现能力。本节就介绍几种通过不断地运营来实现变现的方式，助读者获得大收益。

14.1.1 平台补贴，吸引用户

对于内容创作者而言，资金是吸引他们的最好手段，平台补贴则是诱惑力的源泉。作为魅力无限的内容变现模式，平台补贴自然是受到了不少内容创作者的注意，同时平台的补贴策略也成为大家重点关注的对象。

平台补贴既是平台吸引内容创作者的一种手段，同时也是内容创作者盈利的有效渠道，具体的关联如图 14-1 所示。

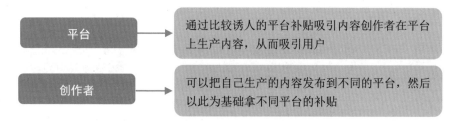

图14-1 平台补贴对于平台和创作者的意义

在这样的平台补贴策略的保护之下，部分的内容创作者能够满足变现的基本需求，如果内容足够优质，那么变现的效果可能会更显著，甚至会获取更为惊人的补贴。

但是在借助平台补贴进行变现时，内容创作者也应该注意一些问题，主要有两点，一是不能把平台补贴作为主要的赚钱手段，因为它本质上只是基础的保障作用；二是跟上平台补贴的脚步，因为每个平台的补贴都是在变化的，因此顺势而动是最好的。

14.1.2 电商合作，招收代理

传统的微商想要招代理，一般都是通过微信朋友圈或微信群进行，其实还可以利用微信公众平台招代理。微商招代理是一种比较"反常规"的商业模式，为什么这么说呢？

因为微商招代理既能够让代理交钱，还能够让代理专注地为公司做事。通常，微商招代理入门都要交纳一定的入门费用，其实这笔费用并不是无偿的——代理

交纳费用后，公司会为代理提供相应的产品、培训以及操作方法。如图 14-2 所示，为招收代理的文章。

图14-2　招收代理的文章

14.1.3　增值插件，添加链接

增值插件指的是运营者在平台上利用自定义菜单栏的功能添加微店、淘宝店铺、天猫等可以购买产品的地址链接，或者直接在文章内添加购买产品的链接，以此引导粉丝进行产品购买的一种盈利方式。

但是，运营者采用这种盈利方式的前提是自己拥有微店、淘宝、天猫等店铺，或者是跟其他商家达成了推广合作的共识，在自己的平台上给合作方提供一个链接入口，或者在推送的文章中插入合作方的链接。添加增值插件这种盈利方式，很多新媒体平台都有使用，如"凯叔讲故事""罗辑思维"等微信公众号。

14.1.4　代理运营，另找财路

一些企业想要尝试新的营销方式，这又给了创业者一个机会——一些新媒体平台账号已经在营销上小有成就，掌握了一定的经验和资金，于是这些账号开始另找财路，帮助一些品牌运营新媒体。

现在的新媒体平台有很多粉丝过百万的独立账号，这些账号的粉丝基本上是通过微信代运营这一模式，依靠以前在微博上积累的用户转化过来的。如

图 14-3 所示，为微信代运营的模式。

图 14-3　微信代运营的模式

14.1.5　付费会员，获利变现

招收付费会员也是平台运营者变现的方法之一，最典型的例子就是"罗辑思维"微信公众号。"罗辑思维"推出的付费会员制如下。

（1）设置了 5000 个普通会员，成为这类会员的费用为 200 元 / 个。

（2）设置了 500 个铁杆会员，成为这类会员的费用为 1200 元 / 个。

"罗辑思维"为什么能够做到这么厉害的地步？主要是"罗辑思维"运用了社群思维来运营微信公众平台，将一部分属性相同的人聚集在一起，就是一股强大的力量。

要注意的是，"罗辑思维"在初期的任务也主要是积累粉丝。等粉丝达到了一定的量之后，才推出了招收收费会员制度。对于该平台来说，招收会员其实是为了设置更高的门槛，留下高忠诚度的粉丝，形成纯度更高、效率更高的有效互动圈，最终更好地获利变现。

14.1.6　MCN 模式，IP 聚集

MCN，是 Multi-Channel Network 的缩写，MCN 模式来自于国外成熟的网红运作。它是一种多频道网络的产品形态，基于资本的大力支持，生产专业化的内容，以保障变现的稳定性。随着新媒体的不断发展，用户对接收内容的审美标准也有所提升，因此这也要求运营团队不断增强创作的专业性。

由此，MCN 模式逐渐成为一种标签化 IP，单纯的个人创作很难形成有力的竞争优势，因此加入 MCN 机构是提升内容质量的不二选择。一是可以提供丰富的资源，二是能够帮助创作者完成一系列的相关工作，比如管理创作的内容、实现内容的变现、个人品牌的打造等。有了 MCN 机构的存在，创作者就可以更加专注于内容的精打细磨，而不必分心于内容的运营、变现。

就以创作较复杂的视频内容为例，MCN 机构开设了新片场社区，它一开始是以构建视频创作者的社区为主，聚集了 40 多万的加 V 创作者，从这些创作者生产的作品中逐渐孕育出《造物集》《感物》《小情书》等多个栏目，而这些栏

目渐渐地也形成了标签化的 IP。比如基于新片场社区而产生的"魔力美食"短视频创作团队，它就是由 MCN 机构模式孵化而来的。

因为直播和短视频行业正处于发展阶段，因此 MCN 机构的生长和改变也是不可避免的，而大部分短视频平台的头部内容基本上也是由几大 MCN 机构助力生产的，如图 14-4 所示。

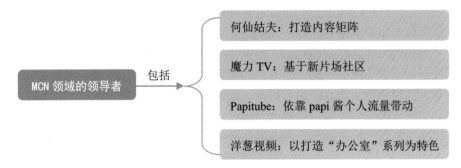

图 14-4　MCN 领域的领导者

MCN 模式的机构化运营对于新媒体平台内容的变现来说是十分有利的。但同时也要注意 MCN 机构的发展趋势，如果不紧跟潮流，就很有可能无法掌握其有利因素，从而难以实现变现的理想效果。单一的 IP 可能会受到某些因素的限制，但把多个 IP 聚集在一起就容易产生群聚效应，进而提升变现的效率。

14.1.7　账号转让，养号卖号

在生活中，无论是线上还是线下，都是有转让费存在的。所谓"转让费"，即一个线上商铺的经营者或一个线下商铺的经营者，向下一个经营者转让经营权时所获得的一定的转让费用。

而这一概念随着时代的发展，逐渐有了账号转让的存在。同样，账号转让也是需要接收者向转让者支付一定的费用的，就这样，最终使得账号转让成为获利变现的方式之一。

如今，互联网上关于账号转让的信息非常多，在这些信息中，有意向的账号接收者一定要慎重对待，不能轻信，且一定要到比较正规的网站上来操作，否则很容易上当受骗。

在鱼爪平台上，可以转让的账号有很多种，如头条号、微信公众号、微博号和快手号等，且在不同的模块下，还提供了转让的价格参考。

14.2　内容变现，灵活运用

新媒体内容变现的形式比较多，这里先介绍 7 种供大家参考。大家在变现的

过程中可以灵活运用，只要变现的方式不违反平台规则，可以按照自己的想法来进行内容变现。

14.2.1 在线教学，专业过关

在线教学是一种非常有特色的公众号运营者可以用来获得盈利的方式，也是一种效果比较可观的吸金方式。运营者要开展在线教学的话，首先它得在某一领域比较有实力和影响力，这样才能确保教给付费者的东西是有价值的。

采用在线教学这种盈利方式的新媒体账号中，做得不错的微信公众号是"沪江网校"。"沪江网校"是一个为广大学生及想学习外语的群体提供教育培训的公众号，语种包括英语、法语、韩语、日语等，而且它有自己的官方网站和手机App。"沪江网校"微信公众号上的课程分为收费和免费两种，不同的课程价格也不一样。如图 14-5 所示，为该公众平台上的相关内容。

图 14-5　"沪江网校"微信公众平台上的相关内容

14.2.2 软文广告，接受度高

软文广告是指运营者在微信公众平台或者其他平台上以在文章中软性植入广告的形式推送文章。文章中软性植入广告，一般在文章里不会介绍产品，直白地夸产品有多好的使用效果，而是选择将产品渗入到文章情节中去，达到在无声

无息中将产品的信息传递给消费者，从而使消费者能够更容易接受该产品。软文广告形式是广大运营者使用得比较多的盈利方式，同时其获利的效果也是非常可观的。

图 14-6 为"手机摄影构图大全"微信公众号发布的一篇文章。该文章中主要向读者介绍了通过手机蒙版制作单色效果的技巧，全文中没对任何产品进行介绍，只是在文末告诉读者，更多技巧请见某本摄影书。而看到这里，读者就能马上明白过来，通过手机制作单色效果只是这本书中一个技巧而已，全文看似没有介绍文末所说的摄影书，但文中的所有内容却都来自该摄影书。很显然，这便是一种软性的广告植入。

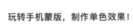

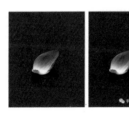

图 14-6 "手机摄影构图大全"微信公众号推送的软文广告

14.2.3 视频广告，软硬兼施

在视频中植入广告，即把视频内容与广告结合起来，一般有两种形式：一种是硬性植入，不加任何修饰硬生生地植入视频之中；另一种是创意植入，即将视频的内容、情节很好地与广告的理念融合在一起，不露痕迹，让观众不容易察觉。相比较而言，第二种创意植入的方式效果更好，而且接受程度更高。

在视频领域中，广告植入的方式除了可以从"硬"广和"软"广的角度划分，还可以分为台词植入、剧情植入、场景植入、道具植入、奖品植入以及音效植入等方式，具体介绍如图 14-7 所示。

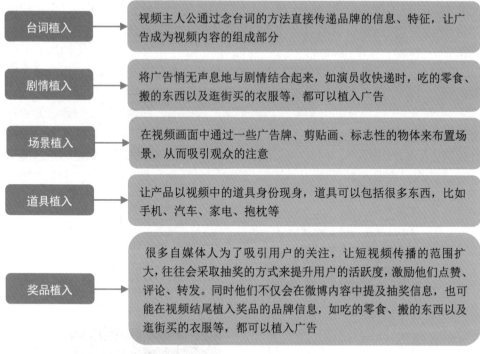

图 14-7　视频植入广告的方式举例介绍

14.2.4　点赞打赏，鼓励优质

为了鼓励优质的新媒体内容，很多平台推出了"赞赏"功能。比如，大家熟悉的微信公众号就有这一功能。而开通"赞赏"功能的微信公众号必须满足两个条件，如图 14-8 所示。

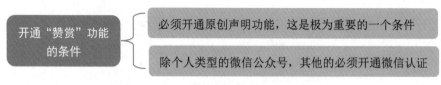

图 14-8　开通"赞赏"功能的条件

企业想要让自己的微信公众号开通这一功能，就需要经历两个阶段。第一阶段是坚持一段时间的原创后，等到微信公众平台发出原创声明功能的邀请，企业就可以在后台申请开通原创声明功能了。 第二阶段是企业在开通原创声明功能后，继续坚持一段时间的原创，等待微信后台发布赞赏功能的邀请，这时企业就可以申请开通赞赏功能了。

14.2.5　出版图书，要有实力

图书出版付费，主要是指运营者在某一领域或行业经过一段时间的经营，拥有了一定的影响力或者有一定经验之后，将自己的经验总结出来，进行图书出版以此获得收益的盈利模式。

采用出版图书这种方式去获得盈利，只要平台运营者本身有基础与实力，那么收益还是很可观的，例如微信公众平台"末那大叔""凯叔讲故事""李月亮"等都有采取这种方式去获得盈利，效益也比较可观。如图 14-9 所示，为微信公众平台"末那大叔"推送内容中介绍的一个自己所写图书出版的消息。

图 14-9　"末那大叔"图书出版的案例

14.2.6　电商盈利，更具优势

新媒体的浪潮已经席卷了各个行业，电商行业也不可避免。原始的一手交钱一手交货的买卖方式可以照搬到互联网上，在新媒体平台上也依然适用，而且相比传统模式，新媒体营销会更具有优势。

新媒体平台的便捷化，让运营者的脚步迈得越来越大。目前，已经有不少电商巨头企业开始投入到新媒体平台营销的大潮中。如图 14-10 所示，为"京东"微信公众号的商品特卖入口。广大用户在"京东"微信公众号上，点击相应内容，

即可进入京东的商品专区选购商品。

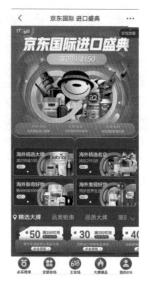

图 14-10　"京东"微信公众号的商品特卖入口

14.2.7　第三方支持，平台合作

随着新媒体平台的快速发展，运营者要想快速实现内容变现，除了自身需要努力外，还可以求助于第三方支持。这里的"第三方支持"，主要是指基于微信平台的 SaaS 型工具产品。其作用就在于能为新媒体运营者提供变现方面的技术支持。这一类产品主要有短书和小鹅通等。

在这些产品的技术支持和运营方案指导下，致力于在新媒体领域进行内容创业的自媒体人，可以在平台上输出内容，创建一个专注于优质内容变现的"知识小店"。在这一变现模式中，付费用户将会更便捷地从平台上获取内容——只需扫一扫二维码，就可完成订阅、收听、购买等一系列操作。而在这一过程中，内容创业者可轻松获得收益。

当然，对内容创业者来说，第三方支持这一类型的工具型产品，之所以成为变现的一种重要方式，除了用户使用便捷外，其原因还在于平台能提供包含图文、音频、语音直播、视频直播等在内的多样化的知识形态，以及平台提供的运营方面的指导——特别是在用户引流、付费转化和社群运营等方面，更是为内容付费的变现提供了强大支持。

第 15 章

学好新媒体，做好新零售

学前提示

前面 14 章都在讲新媒体的有关内容，而这一章要结合新零售来讲讲这两者之间的关联，以及如何将两者同时做好。其实它们两者之间是分不开的，做好新媒体运营是做好新零售的基础，而做好新零售又是做好新媒体运营的扩展。

要点展示

- 两者之间，并驾齐驱
- 粉丝之间，互相转化

15.1　两者之间，并驾齐驱

新媒体的特点简单来说有两个，一个是渠道非常多，适合做广告促销活动；另外一个是群体分化得非常厉害，既适合个人用户，又适合媒体用户，还适合企业来推广，而且传播速度非常快。比如说在国外发生了什么事，可能很短的时间内就会传播到国内，不仅传播的速度快，而且是裂变式的传播。

那什么是新零售呢？所谓新零售，百度上给出的概念是：在现有的互联网基础上面，依托大数据人工智能等手段，对产品的生产流通和销售进行升级，然后打造线上服务线下体验，形成一个场景化的零售新模式。关于新零售这里总结了3点，即线上加线下、数据加智能、场景加体验，如果这3点做到位了，就是新零售。本节来讲解如何将新媒体运营和新零售同时做好。

15.1.1　同时进步，创意为上

怎样才能在做好新媒体运营的同时又做好新零售呢？这里给大家举一个例子。太二酸菜鱼是一家比较火的网红店，首先他家的店面装饰具有自己的风格，个性鲜明的黑白版画风的装饰，是年轻人比较喜欢的二次元风格，因此吸引很多的年轻人去店里打卡。还有一个就是店铺的位子安排是以4人小方桌的形式为主，这样比较节省场地。如图15-1所示，为太二酸菜鱼的店铺内装饰布置图。

图15-1　太二酸菜鱼店铺内装饰布置图

太二酸菜鱼作为一个餐饮企业，它的品牌口号是"专心致志做产品，稀里糊涂忘开门"，而且其销售主张中有一条非常有意思，就是同行超过4人进店不接待，这刚好对应了前面说到的该店面的位子安排是4人小方桌。这样看起来会让人觉得这个餐饮企业很奇怪，让大家产生了好奇心，自然就想去看看。同时该企业不接受预定、不接受外卖，因为外卖并不能保证菜品的口感。

以上就是太二酸菜鱼的实体店情况，它之所以可以获得大量的关注和喜爱，除了它自身的店面风格和企业文化外，还有就是它在新媒体平台上面的宣传和推广。比如，企业有自己的公众号，经常会在公众号上发布新菜或者举办活动来吸引流量，而且它在公众号平台也有很多粉丝，发布的内容也非常有创意，俘获了很多年轻的，尤其是喜欢二次元的粉丝。

如图 15-2 所示，为太二酸菜鱼推出新菜时发布的文案内容，该内容以漫画的形式展现，而且还是连载的形式，这无形之中又给之前的内容增加了曝光度，成功地吸引住了新进入的粉丝，也成功地留住了原来的粉丝。

图 15-2　太二酸菜鱼推出新菜时发布的文案内容

如图 15-3 所示，为太二酸菜鱼为了迎接端午节而举办的赛龙舟大赛活动的文案。在该文案的末尾还加上了购买端午粽子的小程序。该企业通过活动来吸引粉丝，激活公众号平台的粉丝，成功达到为实体店增加客流的目的，可以说这样做无论是对新媒体的运营，还是对实体店的推广都有非常积极的作用。

而且该企业并不只是做微信公众号，抖音、快手等短视频平台也做得有声有色，内容也非常有创意。

通过太二酸菜鱼的例子，可以看出创意对于一个企业或者品牌来说是相当重要的，无论是实体店还是新媒体平台，有创意并且将创意付诸实践是企业成功的关键。所以说，不管是做新媒体还是新零售，都应该有好的团队、好的点子、好的运营。

图15-3　太二酸菜鱼举办的赛龙舟活动

15.1.2　合作大 V，自来流量

前面说了企业通过自身好的产品和内容来获得用户的青睐，下面聊一聊如何利用外部的力量来增加自己的流量。众所周知，很多品牌为了得到更多的曝光和客户会请很多的明星来代言，比如，OPPO 手机请多位明星做代言人，华为手机也邀请明星做代言人，它们都是通过借助明星的热度和流量来达到让品牌获得更多曝光的目的，如图 15-4 所示。

图15-4　请明星作为品牌代言人

其实对于新媒体来说也一样，企业或者品牌可以通过与大 V 的互动和合作来为自己增加流量，而且与大 V 合作的成本相对来说比较低，有些新媒体大 V 的粉丝量并不比明星少，所以现在很多企业都青睐于在新媒体平台上进行宣传。比如，有很多的化妆品品牌都会找一些美妆博主进行品牌宣传。如图 15-5 所示，为化妆品品牌"完美日记"与大 V 博主合作的视频。

图 15-5　"完美日记"与大 V 博主合作

15.2　粉丝之间，互相转化

前面说到了怎样做好新媒体平台运营的同时还能做好新零售，那么本节要聊的是它们两者之间将如何转化，即如何将实体店或者企业的粉丝引流到自己的新媒体平台成为自己的私域流量，然后又如何留住这些粉丝让他们成为企业或者品牌的老客户。下面主要从 3 个方面进行具体讲述，希望能在两者的粉丝转化方面给大家一些比较实际的帮助。

15.2.1　用户引流，4 个阶段

目前来说通过线上平台做用户引流成本是最低的，因为线下想要获得粉丝需要花费大量的人力和财力。比如，房地产举办一个嘉宾见面会，大家聚在一起品尝下午茶顺便研究一下楼盘，这种活动收获的粉丝会更加精准，但是数量太少，并不能吸引大规模的粉丝。

从这里就可以看出大家需要充分利用线上平台去为自己的企业进行用户引流，其实在新媒体与新零售的互相转化中，用户引流可以分为4个阶段，即新媒体的传播、关注交互、社交认知和情感认同，接下来一一为大家进行介绍。

1. 新媒体的传播

2017年武汉的一个房地产公司策划了一个活动，就是把武汉想象成一个AR（Augmented Reality，中文译称增强现实，是一种将虚拟信息与现实世界巧妙融合的技术），具体情况就是假设增强现实在这个城市已经广泛使用的时候，一个年轻人从下班坐地铁，然后到他自己所居住的地方，这一路上的所见所闻，而这一切都是以AR的方式实现的。

当时该房地产公司制作了一个小视频，该视频内容就是一个年轻人戴着一个虚拟现实的眼镜，可以看到地铁、道路以及沿路的店铺，最后的目的是引出该房地产开发的楼盘，比如说通过这个虚拟现实的眼镜知道楼盘的物业位置在哪里？楼盘的特色是什么？绿化景观怎么样？这个楼盘的形象风格如何？这相当于通过这种虚拟现实技术做的一个植入宣传和广告。如图15-6所示，为该视频中的画面。

图15-6　AR视频画面

而且当地的地铁6号线刚刚开通，该房地产公司通过与当地的地铁部门合作，制作了专属的地铁卡，也就是看过视频的人可以通过加微信成为好友，然后申请一张这样的地铁卡。这个视频仅仅在腾讯视频平台上面的播放量就超过了500万次，如图15-7所示。

当时这个视频还在朋友圈引爆了大量的话题，而且该房地产公司还找到了新媒体人进行合作，要他们帮忙宣传，再次增加了该视频的曝光量，为该活动吸引了更多的流量。以武汉作为全球首个AR城市的这则短视频，是由房地产公司策划和剪辑制作出来的，然后通过一些新媒体大 V 进行传播，这就是笔者所说的用户引流的第一阶段——新媒体传播。

武汉：**请叫我全球**首座AR城市
__Yvonne.
516.8万次观看 · 2017-02-16

图 15-7　腾讯平台播放量超过 500 万次

2. 关注交互

新媒体进行传播之后，感兴趣的用户就会关注你，然后跟你互动。比如说房地产公司所策划的这个活动，用户加入微信来领取地铁卡就是一种关注交互的行为。通过这一步留下来的粉丝就更加精准，他们的购买可能性更高。

3. 社交认知

什么是社交认知？就是别人关注你，跟你有了互动，然后他就会对你多少有一定的认识。还是以这个房地产公司的活动为例，当用户领取你的地铁卡，他就会知道原来做这个活动的是某家房地产公司，知道了该楼盘正在预售的事情，不管他有没有买房的想法都会在他的心中留下一定的印象。

4. 情感认同

用户引流的最后一个阶段就是情感认同。比如用户在对你的楼盘留下印象之后，还要看你的这个楼盘有没有吸引他的地方，楼盘的风格怎么样？靠近地铁和江边的楼盘品质如何？楼盘的设计理念是什么？楼盘里面绿化的布置以及绿化的树种怎么样？这些就是让用户产生情感认同的一些方面。这对于其他的企业和品牌来说也是一样的道理，情感认同最主要看的是产品的品质。

以上就是用户引流的 4 个阶段，每个阶段与每个阶段之间环环相扣，都非常重要，所以企业或者品牌在进行用户引流的时候整个团队的配合都需要相当密切，一步一步完成并达到满意的效果。

15.2.2　线上线下，联动推广

一般来说在线上进行推广的成本比线下进行推广的成本要低，而且效果更好，但是这并不代表线下推广这一步就可以省略。线下推广有线下推广的好处，它有结果更可控、获得的粉丝更加精准等优点，所以说企业和品牌在进行推广的时候应该线上和线下相结合以获取更多的流量，提升企业和品牌的影响力。

比如，OPPO 手机和 VIVO 手机都有自己的品牌形象，当大家走在街上的时候经常会看到很多 OPPO 充气人偶或者 VIVO 充气人偶，网上还有网友上传这两个玩偶"打架"的视频，看起来非常有趣，还有点萌萌的，得到不少网友的喜爱。不论是 OPPO 人偶，还是 VIVO 人偶，这都是企业在线下的一种宣传方式，他们会通过跳舞或者发传单的方式来吸引用户推广自己的品牌。如图 15-8 所示，为 OPPO 人偶和 VIVO 人偶站在一起的画面。

图 15-8　OPPO 人偶和 VIVO 人偶站在一起

又比如，有的实体店会进行一些促销活动来增加销量，这样能迅速聚集有购买需求的客户进店购买产品。如图 15-9 所示，为某药店的促销活动现场，当路人经过的时候如果有买药的需求就会直接进去购买。

图 15-9　某药店的促销活动现场

但是做地推时的传播范围比较小，所以企业同样需要在新媒体平台上进行宣传，以获得更多的粉丝，这也是运营新媒体其中的一个目标，即品牌推广。新媒体运营还有两个目标，一是关系维护；二是产品销售。企业在运营新媒体的时候，尤其是运营微信公众号的时候，可以通过运营不同的公众号来完成这 3 个不同的目标，这个方法也可以叫作矩阵化运营。

比如，太平人寿是中国太平保险集团旗下的全国性专业寿险公司，它就根据新媒体运营的 3 个不同的目标运营了 3 个不同的公众号。

太平人寿做了一个品牌号叫"太平人寿"，专门做企业的品牌宣传，如图 15-10 所示；然后又做了一个服务号叫"中国太平微服务"，专门服务于企业的客户，如图 15-11 所示；还做了一个营销号叫"太平微产品"，专门让作为营销推广的代理人查询费率和政策，以及推一些有宣传作用的海报，也就是当成一个工具来使用，如图 15-12 所示。

图 15-10　品牌号　　　　图 15-11　服务号　　　　图 15-12　营销号

这是一种比较合理的建立新媒体平台的方式，有很多企业在刚开始运营新媒体的时候会走进一个误区，就是在一个号上什么都发，既要做品牌又要做服务，还得做销售，结果这个号就会做成一个"四不像"的账号，账号运营人员无所适从，账号的粉丝也一头雾水，留不住老粉丝，所以这样的公众号的粉丝黏性很弱，而且活跃度不高，发布的内容的阅读量也偏低。

可以说新零售贯穿了企业运营的整个过程，一个企业从创办融资到商业模式到发展战略再到品牌，都贯穿着新零售这种营销方式，而新媒体直接对接的就是企业的营销和销售。

15.2.3 打造私域，增加收益

私域流量是相对于公域流量的一种说法，其中"私"指的是个人的、私人的、自己的意思，与公域流量的公开相反；"域"指的是范围，这个区域到底有多大；"流量"则是指具体的数量，如人流数、车流数或者用户访问量等，后面这两点私域流量和公域流量都是相同的。接下来具体解读公域流量和私域流量。

公域流量的渠道非常多，包括各种门户网站、超级 App 和新媒体平台。如图 15-13 所示，列举了一些公域流量的具体代表平台及其流量规模。

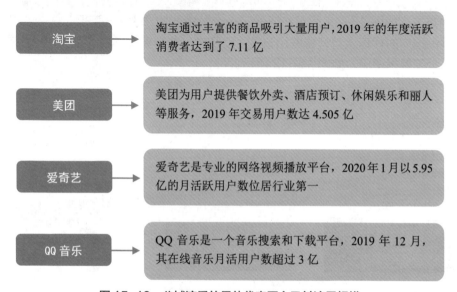

图 15-13　公域流量的具体代表平台及其流量规模

从上面这些平台的数据可以看到，这些平台都拥有亿级流量，并且通过流量来进行产品销售。它们的流量有一个共同特点，那就是流量都是属于平台的，都是公域流量。商家入驻平台后，可以通过各种免费或者付费方式来提升自己的账号排名，推广自己的产品，从而在平台上获得用户和变现。

对于私域流量，目前并没有统一的具体定义，但是私域流量都有一些共同的特点，如图 15-14 所示。

企业除了需要在引流和推广上下功夫外，还需要沉淀自己的大数据，也就是构建属于自己的专属私域流量池。私域流量池的构建关系到企业的未来发展，如果说企业永远是靠广告、地推等宣传来从公域流量池里面把流量导进来做生意，而不是想怎么去留存用户，怎么去构建私域流量池，那么企业的发展是不可持续的，而且成本巨大、效益低下。

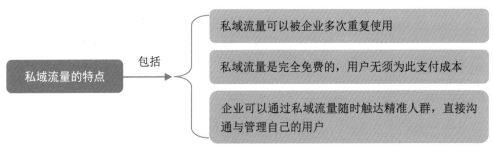

图15-14 私域流量的特点

那么私域流量又从哪里来呢？私域流量来源具体介绍如下。

（1）搭建平台。就是将自己的联系方式或者微信添加到新媒体平台，并进行适当的引导，比如在微信公众号文章的结尾添加自己的微信二维码，并给予加微信好友的人适当的福利。

（2）设置场景。比如，在抖音、快手等短视频网站，拍摄创意短视频并把自己的联系方式或者微信号讲述出来。

（3）培养自己的网红。网红的吸睛能力是很强的，他们能在短时间内聚集大量的粉丝，并且其粉丝的购买能力一般都不差。

所以，切记，新媒体的运营只是手段，将公域流量变成私域流量，才是重中之重，到时，无论你是经营新零售或是其他行业，只要你有了自己的私域流量，便都能够做好。